Suzanne-Marguerite RÉMOUIT

TÉNÈBRES ET LUMIÈRE DANS L'ÉCRITURE

Les Presses du Midi

Du même auteur aux éditions Les Presses du Midi :

« Le livre des quatre sceaux »

« Prières musicales »

« Signes de croix et croisement de signes »

Impression PDM

121, avenue d'Orient - 83100 Toulon
Tel. : 04.94.16.90.20 - Fax : 04.94.16.90.29
Dépôt légal février 2004
ISBN : 2-87867-525-8

TÉNÈBRES - LUMIÈRE

La lumière peut « s'envelopper de ténèbres », ou le contraire, les ténèbres peuvent aussi « ensevelir la lumière », en particulier le péché comme ténèbres.

Ainsi, on dit de la lumière que les ténèbres ne l'ont pas reçue, au sens où elles l'ont ensevelie au lieu de l'employer pour s'éclairer même avec des ombres.

Car on peut s'égarer dans les ténèbres, comme on peut s'égarer en « voyant clair ». Ainsi le Christ dit qu'il est venu pour que ceux qui voient soient aveuglés et que ceux qui ne voient pas, ceux qui sont aveugles, voient. Sur le chemin d'Emmaüs, les pèlerins croient « voir clair ». Ils ne reconnaissent cependant pas le Christ, sauf à la fin du partage du pain, mais alors, c'est TROP TARD car il DISPARAÎT, et ils n'ont pas le temps de lui poser la question de son identité, certains SIGNES seulement les ont alertés, « notre cœur n'était-il pas brûlant ? ».

Le Christ ainsi passe, se fait « obscur » avant d'apparaître en « pleine lumière », « encore un peu de temps et vous ne me verrez plus, encore un peu de temps et vous me verrez parce que je vais au Père ». Si la lumière est prévisible, on sait approximativement quand le jour va se lever, elle est aussi provisoire, on sait qu'elle sera suivie de la nuit, alors que l'amour est imprévisible et le « jour du Seigneur viendra comme un voleur », aussi faut-il l'attendre.

Puisque nous ne rencontrons que des « ombres portées » sur terre à travers la création, nous ne sommes pas encore dans la pleine lumière d'après la mort où il n'y aura plus d'ombre et où « les larmes seront essuyées ». Ici-bas, il y a des ombres, en parlant des images et des ombres, ici-bas, l'Écriture dit : « images des choses célestes purifiées et choses célestes elles-mêmes purifiées » ; on ne peut être « emporté au ciel » tel le prophète Élisée.

Et si on cherche l'Éternel qui n'est ni en haut ni en bas, dans l'obscurité on tombe ou on peut tomber parce que l'on ne voit pas, on bute contre quelque chose, un obstacle, dans la lumière, on peut tomber parce que l'on court trop vite ou l'on est bousculé… La nuit, on ne peut pas travailler, aussi dit l'Évangile, il faut dormir, le cantique des cantiques en parle qui dit que le Seigneur vient combler « sa bien-aimée qui dort », et cependant il faut veiller, si l'on veille, on ne laisse pas « percer le mur de sa maison », de même, on peut être « réveillé » à l'improviste, l'ami importun qui vient demander du pain, l'époux pour les vierges sages et folles, le Seigneur qui vient comme un « voleur » quand on dort, aussi on ne sait pas très bien ce qu'il faut faire, et cet état d'esprit est précisément ce que l'Évangile sous-entend par « veille », une attente en même temps, une incertitude, et en même temps une présence d'esprit. Les hommes souvent préfèrent les ténèbres. La lumière permet de renaître « d'eau et d'esprit », Paul est aveuglé dans un premier temps sur le chemin de Damas, ou plutôt, il était déjà aveuglé avant, du temps de ses persécutions, l'aveuglement physique qui le frappe n'est que le signe visible de son aveuglement d'esprit avant, jusqu'à sa conversion radicale. En cas de danger, il faut « ouvrir » les yeux. L'Évangile dit : « veillez et priez », le Christ veille et prie au jardin des oliviers, il veille, jeûne, et prie au désert, tenté par le démon.

La lumière peut rendre aveugle ceux qui sont trop sûrs de voir clair. Les ténèbres peuvent être comme un « manteau » mais le manteau est à la fois ce qui enveloppe et ce qui ensevelit comme un « linceul ». Si les ténèbres sont le manteau au sens de linceul, il y a le manteau dont on enveloppe le Christ avant sa crucifixion, de même, les ténèbres à sa mort envelopperont la croix.

Le Christ, se partage, et partage, il se partage à l'eucharistie et il partage ses amis de ses ennemis, sépare « les brebis des boucs ».

Les ténèbres et la lumière s'unissent et se séparent dans l'obscurité, c'est-à-dire dans ce qui n'est plus tout à fait la tombée du jour, et pas non plus la nuit profonde sans lune. Salomon propose de partager un enfant réclamé par deux mères différentes (jugement de Salomon - 1er livre des Rois, chap. 1), les deux femmes argumentent en apparence en pleine clarté, cependant, l'une des deux ment, Salomon, perspicace et subtil, se garde de trancher immédiatement entre l'une et l'autre, cependant, il propose une solution telle qu'elle est alors révélatrice des sentiments de la vraie mère, en somme, il « fait semblant » de trancher d'abord entre l'une et l'autre, avant de trancher réellement.

Les songes font aussi du temps de sommeil, non un temps d'éveil mais un temps RÉEL qui compte ; Samuel mort, apparaît enveloppé d'un manteau (1er livre de Samuel, chap. 28) ; Jonathan (fils de Saül) donne son manteau à David, David coupe un pan du manteau de Saül (1er livre de Samuel, chap. 24) ; il y a aussi le manteau d'Achija (le prophète - 609), il partage son manteau en douze, représentant aussi les tribus d'Israël.

L'idée de partage de ténèbres et d'obscurité, Dieu créa la lumière à un moment donné, ce partage se retrouve aussi entre deux mondes, « ce qui est né de la chair est chair, ce qui est né de l'esprit, esprit ».

Dans un autre ordre d'idées, le péché comme un fruit consommé en pleine clarté amène la mort, l'obscurité, cependant les disciples demandent au sujet de l'aveugle-né qui a péché, lui ou ses parents. La nuit, il est conseillé de dormir, le sommeil étant alors une sorte de veille pour être mieux armé à l'aube.

Le Christ invite donc « à consommer » et à ne pas « consommer », à veiller sans veiller, à jeûner sans jeûner, à prier sans prier (il dit : « priez sans cesse », comme il dit aussi qu'il ne sert à rien de « rabâcher » ses prières indéfiniment). Il dit aussi « si vous ne mangez pas ma chair... vous n'aurez pas la vie en vous ». Tantôt il s'adresse à une foule « AFFAMÉE » qu'il comble : multiplication des pains et des poissons, une autre fois, il « COMBLE » une foule qui n'est « PAS AFFAMÉE ». Aux noces de Cana, les invités consomment sans faim, sans soif, boivent sans FIN et sans FAIM comme à tout repas de fête, ils n'ont pas marché des heures et cependant le Christ multiplie pour la fin « le meilleur vin » quand ils n'ont depuis longtemps plus soif.

L'amour du Christ est un amour qui parle par signes. Un des premiers signes est qu'il est venu apporter un feu sur la terre et qu'il est venu éclairer ce monde par sa lumière. Et le signe, c'est que cependant rien ne brûle. C'est un feu qui brûle sans consommer et sans consumer, sans cendres et sans origine apparente.

Cet amour peut être un amour MUET et ÉLOQUENT, comme seuls les muets qui parlent par gestes peuvent l'être. Parce que cet amour est muet, il est éloquent. Si cet amour n'était pas muet, on ne tournerait pas autour, POUR VOIR ce que cela veut dire. On cherche alors non ce que cela veut dire, mais EN QUOI cela veut dire.

Cet amour, est-il muet parce que la personne ne veut pas parler, ou cet amour est-il muet parce que cette personne ne peut parler ?

L'amour du Christ peut produire ou guérir des muets. Ainsi Zacharie, dont Dieu a voulu qu'il soit muet un certain temps pour n'avoir pas cru, est muet « pour l'amour de Dieu ». Le Christ demande à certains malades guéris de ne rien révéler de leur guérison, mais de se taire « par amour de Dieu ».

La guérison, cela peut être soit de « parler », soit de « se taire », soit « d'être muet », tout autant de signes pour l'entourage ou de fractions de signes évidents aux yeux de la foi. Une fraction de signe, la guérison n'est pas le tout du miracle, un maillon simplement qui arrive à terme, au terme. Au terme, on peut penser que l'on devient muet par amour de Dieu, et non « pour l'amour de Dieu » comme une pénitence ou comme si on était mis en quarantaine. Si le muet est éloquent et parle par gestes, ses gestes sont des signes et ces signes peuvent être signe d'autre chose :

- d'une parole qui veut dire,
- d'une parole qu'il veut dire,
- d'une parole qu'il ne veut pas dire,
- d'une parole qu'il ne peut pas dire.

Dans les quatre cas de figure, le signe est le même, une « agitation », le Christ aussi parle par geste, il y a l'apparence extérieure, ce qui se donne à voir et ce qui se passe en réalité.

Il partage mais aussi il départage, il connaît chaque brebis de son troupeau et se partage entre toutes, il départage aussi les brebis des boucs, comme il y a une porte étroite et un chemin de perdition. Il partage l'eucharistie mais départage quand il se met en colère ou renvoie à son Père (réponse à Pierre « arrière de moi, Satan »). Il multiplie pour partager et multiplie pour ne pas partager au sens où il veut donner également au premier et au dernier, il multiplie le vin pour partager, et il multiplie un vin qui ne se partage pas, chacun boira le meilleur vin à satiété, plus il y aura de convives, plus il y aura de vin, et en même temps, le vin des noces est celui de l'époux pour l'épouse, il ne se partage pas, le Christ se donne tout entier à chacun. De même, sa parole sera un glaive entre le père et le fils, la même séparation existera entre l'esprit et la chair, la parole est chair et esprit, l'esprit y prend corps, matière dans l'écrit. Quand il y a plus que le nécessaire, il ne s'agit plus d'un vrai partage, on partage le surplus, ce qui déborde et non ce que l'on a, ou ce que l'on a reçu, ici, ce que l'on reçoit, c'est ce qui déborde.

S'il y a partage, c'est parce que la foule est nombreuse (multiplication des pains), il n'y a pas assez, mais on voit qu'il partage de la même façon pour ses apôtres au cénacle. Là, sûrement, il y avait de quoi les nourrir tous, mais là, il partage l'essentiel, c'est-à-dire sa Chair et son Sang à partir de « rien », un simple morceau de pain aussi, quand il s'agit d'une foule, il s'agit de multiplier rien (cinq pains et deux poissons), au cénacle, il divise « rien », en fait son corps et son Sang, mais que symbolise un « rien », un infime morceau de pain qui ne peut venir pour la faim? et il n'y a pas de « restes ».

On peut partager pour faire « passer » quand il y en a trop, on partage « les restes ». Dans le miracle de la multiplication des pains, il y a des « restes », on les ramasse, mais on ne les partage pas, on les RECUEILLE. On recueille ce que toute cette foule peut-être ne veut plus de pain, car elle a été rassasiée ou peut-être qu'elle voudrait autre chose que du pain, au fond, si on lui servait un excellent vin en abondance, comme à Cana, elle l'accepterait peut-être. Donc, le fait est que cette foule s'est rassemblée pour écouter Jésus et non pour manger dans un premier temps, c'est dans un deuxième temps qu'elle a eu faim, mais elle n'a pas désiré manger au-delà de cette faim, étant rassasiée par les paroles de Jésus, le pain et les poissons, elle n'a pas désiré être rassasiée aussi peut-être de choses qui ne comblent pas toujours au fond, d'excellent vin et d'excellentes choses, elle n'a pas désiré être rassasiée d'un festin comme pour une fête, car les sermons de Jésus sont de fêtes, mais aussi des éveils, des avertissements, des appels à la conversion. Cette foule s'est réunie pour écouter Jésus et non pour s'écouter elle-même, pour écouter Jésus et en Jésus s'entendre elle aussi, si elle n'a plus faim, elle laisse donc les restes, du moins ceux qui n'ont plus faim et ils ne vont pas tous, comme d'une assemblée, PARTAGER LES RESTES pour que RIEN NE SE PERDE.

Le pain mis de côté, surtout avec la chaleur, sèche. Notons que Jésus ne propose jamais de « partager les restes », à la Cananéenne qui lui dit que les petits chiens mangent les miettes sous la table, il répond que puisque sa foi est si grande, sa fille à l'instant même est sauvée.

L'eucharistie n'est pas un reste, Jésus se donne tout entier, ce n'est pas un « reste » mais c'est un « rien », ce qui est différent comme sens. Ainsi, on peut partager pour « faire passer » ce qui ne passe plus, quand on a trop mangé, et pour que rien ne se « perde » et partager pour que chacun ait une portion équitable, on peut partager en parts égales ou inégales aussi. On peut partager avec l'intention de « garder des restes » pour le lendemain en PRÉVISION du lendemain. Le Christ partage aussi pour multiplier « si le grain ne meurt, il reste seul, s'il meurt, il porte beaucoup de fruits », ainsi, peu de semences suffisent à une moisson abondante si le temps est clément.

Le miracle de la multiplication des pains, la signification n'en saute pas aux yeux, à part l'évidence de la multiplication proprement dite, on peut supposer ou présumer que la foule reste sur sa faim, elle ADORE sans AIMER, c'est un mouvement de foule, une foule qui s'offre en même temps, et pourtant dans cette foule, le Christ s'adresse à chaque personne individuellement, c'est à chacun qu'il S'EXPOSE et EXPOSE sa parabole. La foule prise dans son ensemble est une masse, brute, compacte, sauvage. L'amour muet, qui s'exprime par gestes, est éloquent en exprimant EN QUOI cela veut dire, et non, littéralement, CE QUE cela veut dire, il s'exprime à travers une certaine théâtralité ou par le silence et la souffrance.

De même, il y a comme une « mise en scène » des paraboles, les spectateurs « voient » comme un paysage qui s'étale ou défile mais ils ne vont pas toujours jusqu'à SENTIR, ils « voient » et « ne voient pas ». La preuve en est qu'ils sont subjugués par le discours du Christ, mais souvent ne vont jusqu'à toucher du doigt le sens profond de son amour, sens que toutes les paraboles recouvrent, ils « VOIENT » un paysage mais « NE VOIENT PAS VRAIMENT » où il veut en venir, ils ne voient pas, de même, le monde invisible. Ces paraboles sont comme des sortes de « mises en scène » qui « racontent » des « histoires », où l'on peut se reconnaître, comme dans une histoire vraie et des histoires, au sens de « belles histoires », histoires pour nous bercer, des histoires qui se recoupent ainsi, en maniant les contrastes, histoires pour exprimer l'unique Amour, et histoire de l'amour.

Tous les moyens sont bons pour TOUCHER les cœurs. La foule « mange » la parabole, elle a faim « d'histoires ».

Le partage de la parabole, comme celui du pain, est un mystère, fait de paroles audacieuses et fortes, douces et frappantes. Le Christ, de par sa nature, parle aussi par signes lorsqu'il exprime l'émotion, l'une attendue et « normale » (mort de Lazare) ou inattendue (colères inattendues contre Pierre, contre les marchands du temple). L'émotion est saisie de l'extérieur par le spectateur, il ASSISTE là aussi à quelque chose qui se manifeste, l'émotion se manifeste indépendamment de la volonté. Elle TRAHIT quelque chose, et le spectateur n'en connaît pas le degré, ce degré par rapport à un moment clef.

Celui qui « assiste » est aveugle. Ne comprenant pas les choses de l'intérieur, elle peut aussi, cette émotion, échapper à la personne même. Le spectateur saisit cette émotion comme un « épiphénomène » d'un événement quelconque (comme un deuil).

L'amour muet est un amour sans phrases et sans gestes, et sans signes, ou plutôt, à travers de « multiples apparences », il ne fait que se répéter indéfiniment. Ainsi indéfiniment, le Christ appelle ses brebis. L'amour muet exprime plus que l'adoration (comme celle de la foule). Les gestes et phrases viennent comme interprétation. Le geste peut être signe (agitation, par exemple), la phrase peut être signe (extériorisation, expression), enfin le signe peut être, indépendamment des phrases et gestes, si l'on dit des « choses fausses » qui ne correspondent pas à la réalité (faux prophètes) ou qui ne traduisent pas le cœur profond (pharisiens).

La clef est le cœur de l'homme à un moment donné, et dans un contexte donné.

Enfin, si signes et phrases, gestes correspondent en s'exprimant, ils s'altèrent, changent au contact de la réalité.

Pour le Christ qui est « le chemin, la vérité et la Vie », au carrefour de l'instant présent, le Cœur à la fois « contient » et « se contient ». Il « devine » ce que les autres sentent et pensent, et « cache ou ne cache pas ce qu'il devine ». C'est un Cœur qui « contient » et « se contraint » au sens de se faire violence dans certaines situations.

S'il se contient, se contraint, il se ferme, mais EN APPARENCE seulement, c'est-à-dire qu'on le VOIT FERMÉ et alors justement on SAIT qu'il y a un MYSTÈRE. À soi de chercher le passage pour trouver l'entrée de ce Cœur. Ainsi, il n'est pas vraiment ouvert, quand il « devine », il ne « laisse pas deviner » qu'il « devine », il laisse un VOILE. Il semble « grand ouvert » quand il parle en paraboles, mais ce n'est pas cependant là qu'on le découvre le mieux. Aussi ne s'ouvre-t-il pas lorsque les apparences semblent le laisser croire, « mon heure n'est pas encore venue », il y a des heures pour ce Cœur comme pour le cœur en général. À d'autres moments, il semble s'ouvrir entièrement (le bon larron) ou bien il « laisse deviner » qu'il « sait » (Pierre, m'aimes-tu ?), il insiste, pose la question plusieurs fois avec un sens différent à chaque fois, une gradation. Les paraboles décrivent de larges paysages, il se contient lors de la mort de Lazare.

À d'autres moments, c'est un cœur qui com-patit (patior), il « souffre avec », plus que porter la souffrance du monde, il « supporte » le péché, il « souffre » que l'on « ait péché » et pardonne.

Le Christ s'ouvrant, s'expose. Le Christ souffrant, s'offre.

LE CHEMIN DE CROIX

La croix peut se regarder de face ou de profil. De profil, comme lorsque nous disons que nous fuyons les croix, ou lors des chutes du Christ sur le chemin de croix, de face, comme lorsque nous disons d'une chose lourde à porter que c'est une vraie croix, ou au moment de la mort du Christ. La Croix du Christ, de face, c'est celle dressée sur le calvaire, de profil, telle qu'elle est représentée dans les chemins de croix, c'est la croix quand il la porte sur son épaule. Il y a donc qu'en apparence une antinomie entre la Croix de la Passion au Calvaire et avant sur le chemin de croix, dans les deux cas, le Christ affronte la souffrance de face, même si les représentations du chemin de croix montrent Jésus avec sa croix de profil. Le Christ, du début à la fin de la Passion, fait face et accepte le calice, « mon Père, que cette coupe s'éloigne de moi, mais non ma volonté mais la tienne ». Pour ce que l'on appelle communément croix, chacun, s'il en a la possibilité, peut les porter ou les fuir.

Le Christ veut porter la croix du début à la fin, même si à un moment donné, il « désire » que la coupe s'éloigne, il sait que ce chemin est le seul chemin de la Résurrection.

Pour ce qui est des croix que chacun peut avoir à porter ou chercher l'occasion de fuir, les « chutes » sur ce chemin humain se rencontrent mais ne prennent pas le même sens que si l'on accepte de porter sa croix avec le Christ. Si l'on veut porter sa croix seul, on peut tomber sur le chemin, se relever une fois parce que l'on croit à ses propres capacités, on peut tomber une seconde fois, se relever parce que l'on croit à la victoire du Christ, mais pour SOI, ainsi on se relève à force de foi et d'espérance qui n'est pas l'espérance et la foi chrétiennes, aux chutes suivantes, on n'est pas assuré de la « victoire » et cela même est vécu comme une « défaite » parce que l'on n'a pas misé sur le Seigneur, notre défaite, alors, au lieu d'être la victoire du Seigneur, reste notre propre défaite.

Le Christ, lui, nous présente la croix de deux façons, « fardeau suave et léger » d'une part, et d'autre part, « qui ne prend pas sa croix et ne me suit pas n'est pas digne de moi », on ne marche donc pas seul, et on connaît son impuissance à surmonter définitivement tous les obstacles sans le Christ, c'est cette idée de « définitivement » « définitif » qui fait que la perspective est différente, on ne cherche pas à remporter d'abord telle victoire puis telle autre, dans le temps, on cherche hors du temps, et la victoire doit être non « pour soi » mais « pour » le Christ. Aussi, quand on n'arrive vraiment plus à se relever, on sait que la « victoire » est tout de même là, comme à l'approche de la mort.

Les trois chutes sur ce chemin de croix sont un peu la figure de nos chutes successives au cours de notre vie terrestre. Ceux qui ne croient pas, qui SE PORTENT sans porter la croix, ne comptent que sur leurs propres forces. Il faudrait pour ainsi dire SE PORTER et PORTER SA CROIX tout en sachant qu'elle NOUS PORTE pour ne pas vivre sans courage et sans foi. Ainsi, si on tombe SOUS LE POIDS de la CROIX, on ne doit pas avoir la force de SE RELEVER sans SA CROIX. Parfois, en S'ARRACHANT À LA CROIX, ON ARRACHE LA CROIX. On la prend avec soi comme un trésor, au moment même où il nous semblait qu'elle nous échappait.

C'est comme si on s'arrachait au bois en arrachant le BOIS, ou s'arracher aux clous en arrachant les clous. Ce qui peut s'entendre lorsque par exemple, d'une personne, on dit qu'elle est « clouée sur place », clouée à son poste par exemple. En s'arrachant de sa place, elle arrache sa place, elle arrache le bois.

Ainsi, nous sommes « plantés » sur terre pour « pousser », grandir et porter la vie par et pour la grâce de Dieu et pour que notre vie soit couronnée de ses grâces. Les clous ont été plantés dans la chair du Christ vivant qui est ressuscité sans clous, mais il en avait la marque.

Nous sommes donc couronnés de grâces comme le Seigneur a été couronné d'épines, en même temps, il nous « fait grâce » pour nos infidélités et nos manquements.

On voit l'importance des arbres dans l'Évangile et ce n'est peut-être pas un hasard. Dieu parle du buisson ardent. C'est un figuier qui cache Nathanaël, c'est encore un figuier maudit pour sa stérilité, un sycomore où grimpe Zachée, le rameau sert donc à la fois à cacher et à montrer, il montee et il descend (les branches sont basses ou hautes), on peut en faire l'ascension ou en descendre, ou y grimper. Il faut noter l'ambiguïté du bois. Le bois peut « périr » (barques dans la tempête susceptibles de faire naufrage) ou sauver (arche de Noé), ombrager ou se flétrir (ricin de Jonas). La terre peut être fertile, comme à Canaam, ou stérile (désert et plaies d'Égypte). Le soleil lui-même, fait de l'ombrage sur les bons et les méchants. Noé s'est accroché à l'arche, il a fait comme on lui disait, une colombe a volé de l'arche et a ramené un « rameau d'olivier » signifiant que les eaux avaient baissé.

On peut s'accrocher pour ainsi dire à la croix comme à une « planche de salut », il n'est pas indifférent que le thème de la tempête apaisée soit apparu dans l'Évangile.

Nous sommes sur terre cloués au sol, c'est une croix et s'il n'y avait pas la Croix du Christ pour nous arracher à notre propre misère, nous ne pourrions pas vivre.

Le Christ a eu les mains et les pieds cloués, par les péchés des hommes il est mort, par la faute des hommes, la croix où il a les mains et les pieds cloués représente l'incapacité dans laquelle les hommes ont voulu le mettre de tendre les mains et de se pencher sur les autres.

Les essences du Bois sont les grâces offertes par sa Passion douloureuse. Comment pensent ceux qui ne croient pas, porter une croix EN PLUS lorsqu'on ne SE PORTE plus ? C'est qu'ils n'ont plus la croix, et que s'ils ne se portent pas, ils auront toujours la croix.

Aux tout premiers temps de la foi viennent se greffer les regrets, l'espérance, la « croix » d'avoir mal porté sa croix.

S'il faut marcher droit comme l'armée de Gédéon sans s'arrêter pour boire et sans rencontrer personne sur sa route, le chemin est dur. La veuve de l'Écriture a rencontré le prophète sur son chemin.

Si la croix n'est plus le refuge et le Sauveur qui donne force et les grâces qui nous sont nécessaires pour suivre son plan d'amour, ceux qui n'ont plus le « temps » de se tourner vers le Christ pensent qu'il suffit de se relever sans croix, sans penser que l'on croit à temps, au sens de croissance avec la croix, croissance véritable.

Il y a un rapport entre la croissance et la foi, la foi en notre croissance et la croissance de la foi, la croix nous aide, elle intervient sans que nous nous en apercevions, sans même que nous prenions le temps de nous en apercevoir. Parfois aussi, disent certains, il faut s'arracher à la croix pour se relever, il faut la laisser à terre, ils s'arrachent à elle comme à un « bout de bois » pour trouver la force de la reprendre après, ainsi ceux qui croient et doutent et mettent leur espérance en elle ou en eux.

En un certain sens, la petite fille de Jaïre a été arrachée à la croix, elle est morte avant de « revenir » à la Croix, à la vie. Le Christ dit : « la petite fille dort », elle est née avec « un trou », une « absence », à sa re-naissance, elle va renaître dans le Christ, ce sera une CO-NAISSANCE.

Ce « bout de bois » que l'on prend et que l'on délaisse ou qu'on laisse à terre, c'est ce que nous faisons tous quand tantôt nous « prions sans cesse » comme dit l'Évangile, et quand nous ne prions plus, là où le Christ nous dit de ne pas rabâcher comme les païens. Nous faisons en général juste le contraire de ce que nous devrions faire à un moment donné. Comme « bout de bois », elle ne pèse pas lourd trop souvent dans notre esprit, on se sent, ou on se croit « libéré », libéré d'un fardeau. En recueillant les lauriers comme à l'entrée de Jérusalem, les acclamations ont été trompeuses, dans les deux sens, Jésus a été acclamé comme un roi, et les pécheurs ont fait la fête au lieu de se repentir.

À Jérusalem, ils pèchent en coupant les rameaux AVANT l'heure et ils pèchent en coupant les rameaux, tout simplement.

De même que le grain ne porte du fruit que « s'il tombe en terre », le grain (élément du bois), de même le bois (cercueil), doit tomber en terre, pour ressusciter au troisième jour. Et pourtant, ne peut-on pas dire que le bois « serve » à la construction de nombreuses choses ? (bois des barques des pêcheurs), bois de l'arche de Noé, bois de l'arche d'alliance (en cèdre), bois des instruments (harpes en santal - 292). Ce sont donc des bois que l'on COUPE mais non pour se tailler ses propres rameaux ou pour acclamer des hommes d'ici-bas, ou même, le Christ durant sa vie terrestre, ce sont des bois que l'on coupe dans un but d'utilité, pour les faire « FRUCTIFIER » comme la vigne que l'on taille ou des barques qui sont faites pour aller pêcher et se nourrir, ou l'arche d'alliance pour rendre honneur à Dieu, ou l'arche de Noé pour se sauver, ou les instruments en santal pour jouer.

Ainsi, il y a de « bons fruits » et de « mauvais fruits », on ne s'offre pas à soi-même ou à quelqu'un les rameaux avant

Pâques (pour le Christ). Dans la genèse, il y a l'arbre de la connaissance du bien et du mal, ce dernier étant surtout l'orgueil, l'orgueil de se savoir puissant et de connaître, de ceux qui n'obtiendront pas la terre promise, ne seront pas consolés, n'obtiendront pas miséricorde.

Les bois cachent et montrent. Ainsi la Croix au regard ne montre qu'un homme qui meurt sur une croix, elle n'offre une autre perspective qu'à ceux qui croient.

De même, le figuier « cache » Nathanaël, « je t'ai vu sous le figuier ». Le bois peut comporter des « ronces », la bonne parole peut tomber dans les ronces, l'ivraie peut tomber, pousser avec le blé, auquel cas, le Christ dit de laisser pousser les deux ensemble de peur qu'en arrachant le blé en même temps on arrache l'ivraie. Les rameaux, dans ce cas, ne sont pas cueillis sinon pour se nourrir et après un long labeur où toute la terre est cultivée et où tout est « ramassé » et « le bon grain séparé de l'ivraie » et où tout a poussé, que l'homme veille ou dorme. S'il y a des ronces, le Christ lui-même a été couronné d'épines. Ce bois qui peut être « bon » peut être aussi « mauvais », ainsi l'arbre de la genèse. Il y a des arbres qui sont bons et qui portent de « bons » fruits et des arbres mauvais qui portent de « mauvais » fruits ou n'en portent pas. De ces arbres, on peut dire qu'ils ne trompent pas, leur apparence parle. De même, il y a des arbres qui ne portent pas du tout de fruits, « des nuées sans eau poussées par le vent » comme « des arbres sans fruits ». Le bois peut servir taillé non en rameaux mais en « bâton de pèlerin », c'est-à-dire pour servir d'appui (les rameaux en eux-mêmes ne sont pas un appui), ainsi, on ne se repose pas sur des rameaux ou sur des lauriers, on ne doit pas se reposer, comme dit l'Écriture, il faut se reposer et veiller en même temps, « gardez vos lampes allumées ». S'il y a des rameaux fertiles, des plaines où coulent « le lait et le miel », c'est le Seigneur qui donne la vie en abondance, et non seulement le travail de l'homme.

Les rameaux servent à nourrir et à éclairer (vigne et oliviers), ainsi la veuve de Sarepta qui n'a plus qu'un peu d'huile et de farine, le palmier, les palmes de Jérusalem pour acclamer le Christ. Le bois sert aussi à se chauffer, l'incendie produit la cendre (à Ninive, les habitants se couvrent de cendres).

L'EAU

L'Écriture ne dit pas de quel bois était le bois de la croix. Cependant, tous ces bois ne poussent et la terre ne se fertilise que parce qu'il pleut.

Ainsi, dans le désert, il n'y a pas d'arbre, et il n'y a donc pas de fruits puisqu'il n'y a pas d'eau.

L'eau EST LE FRUIT même, elle désaltère et nourrit en même temps, la manne dans le désert est l'image de l'eau qui est absente et ne peut pas nourrir, elle nourrit à la place de l'eau, là où tout est stérile et où rien ne pousse à cause de la sécheresse.

La manne tombe du ciel.

Le bois absorbe l'eau, BOIT l'eau, et grandit grâce à l'eau, tout arbre sec est bon « à être jeté au feu ». Le bois ne GRANDIT qu'avec de l'eau.

De même que l'eau est sortie du Côté du Christ, le bois absorbe l'eau et le Sang (bois de la Croix).

L'eau, le sang, les larmes fertilisent donc là où l'homme livré à lui-même ne peut que constater sa propre stérilité. La mort et la résurrection du Christ portent du « fruit ».

La symbolique de l'eau est très large. Il y a :

L'eau qui TOMBE et fait porter du fruit, ainsi le grain tombé en terre, qui germe, arrosé.

Les os qui tombent et ressuscitent.

Les eaux qui tombent sont de plusieurs sources :

Il y a les eaux qui INONDENT (déluge de Noé) ou submergent et s'agitent (tempêtes), le Christ commande aux eaux qui s'agitent (tempête apaisée).

Les eaux qui submergent et s'agitent, ce sont les « mauvaises eaux ».

Les « bonnes eaux », ce sont les eaux que l'on RECUEILLE dans les puits ou dans les cruches (Samaritaine, eaux changées en vin, à Cana), c'est-à-dire une eau qui n'a plus le goût d'eau mais « enivre », c'est à rapprocher de la Samaritaine à laquelle Jésus parle de l'eau vive par laquelle on n'aura plus jamais soif, les eaux de baptême où l'on se plonge, on se lave tout entier (Luc), l'eau qui lave l'extérieur de la coupe, les eaux dont on se prive (jeûne au désert de Jean-Baptiste : « il est venu ne mangeant, ni ne buvant »).

Les eaux enfin sur lesquelles on NAVIGUE, ou que l'on TRAVERSE parce qu'elles s'ÉCARTENT pour un PASSAGE (Moïse, mer Rouge), les puits qui sont vides (citerne où on a jeté Joseph).

Enfin, ceux qui croient au Christ et « n'auront plus jamais soif » sont ceux qui boivent « les fleuves d'eau vive » du Côté du Christ, ils pourront abreuver à leur tour ceux qui croiront.

L'eau de Cana est une Eau que l'on boit sans soif ou un VIN qui n'enivre, comme une eau qui aurait le goût et la couleur du vin.

La soif qui revient, c'est celle que l'on étanche, la soif qui ne revient pas, c'est celle qui n'a été étanchée qu'une fois par l'eau vive. Les eaux changées en vin sont comme des eaux qui ont le « goût » de vin ou des vins que l'on boit « comme de l'eau ».

Avant le Christ, l'Écriture à travers la voix d'Ézéchiel parle de l'eau qui sort du côté du temple.

Les bonnes eaux, ce sont les eaux paisibles qui ne se troublent pas.

Parmi ces bonnes eaux, il y a les eaux qui guérissent (piscines de Siloé).

L'eau dans un premier temps étanche la soif, mais la soif revient. Le Christ dit à la Samaritaine qu'il lui donnera une eau et qu'elle n'aura plus jamais soif, cette eau qui étanche, c'est l'eau vive qu'il n'est pas nécessaire d'aller puiser, qui désaltère, eau du « Côté du Christ », qui étanche une soif qui ne revient pas. L'eau vive que l'on trouve sans qu'il soit nécessaire de la puiser pour être désaltéré, ce sont aussi peut-être les larmes. De même à Cana, il y a une autre eau, l'eau miraculeusement changée en vin, à moins que ce ne soit une eau qui prenne le goût de vin et étanche la soif sans l'ivresse, ou un vin dont on peut boire comme si c'était de l'eau, un vin qui désaltère comme l'eau, un vin qui ne donne pas soif en quelque sorte. Les eaux changées en vin, ce sont les eaux qui ont le goût et l'apparence du vin ou des vins que l'on peut boire peut-être sans l'ivresse comme s'il s'agissait d'eaux et à cause de cela sont les meilleurs, l'eau venue du ciel et le vin fruit de la vigne s'identifient mystérieusement avec leurs qualités respectives, puisqu'il y avait une eau, il n'y a plus d'eau, il n'y avait pas de vin, il y a du vin, du moins on le trouve, c'est donc du vin, un vin « clair » comme il y a des eaux claires et non un vin « trouble » comme il y a des eaux « troubles ».

On peut boire de ce vin à l'envi plus que la satiété. D'ailleurs, c'est bien le propre des repas de noces d'offrir du vin non pour DÉSALTÉRER mais pour RÉJOUIR, pour le plaisir pur de la boisson en évitant l'ivresse, alors que depuis longtemps les convives n'ont plus soif, mais boivent pour le plaisir, en évitant l'ivresse, ainsi ce vin des noces de Cana, il y en a largement assez comme les pains de la multiplication des pains, cependant ici, comme il s'agit de noces, on dit au maître de maison qu'il a gardé le meilleur pour la fin, alors que d'habitude, on sert le meilleur vin au début (lors de la multiplication des pains, le pain reste identique du début à la fin), le Christ n'a pas commencé par offrir le pain puis le poissons, puis peut-être quelque chose de meilleur ou du vin ou des fruits, non, il multiplie d'un coup le pain et les poissons qui SERVENT du début à la fin du repas, c'est-à-dire quand les gens ont très faim, puis ils grignotent peut-être encore quelques morceaux, on ramassera d'ailleurs les morceaux à la fin.

Que veut dire le Seigneur en présentant ces deux miracles à la fois semblables et différents, là, une faim largement assouvie, et là, une eau-vin, un vin-eau qui intervient quand la soif a déjà été étanchée, image d'une eau qui fait que l'on n'aura plus jamais soif, que l'on sera à l'abri des contingences de notre corps qui réclame à boire. L'eau que l'on boit sans soif et l'eau qui fait qu'une fois bue, on n'a plus jamais soif, c'est le Christ.

Elle n'est ni vin ni eau proprement dite, ni eau PURE, ni vin enivrant, ni eau « troublée » de vin.

L'une qui désaltère : l'eau pure.

L'une qui peut enivrer : le vin.

Ce n'est donc ni ce qui est « mélangé » ni ce qui est déclaré « pur », c'est quelque chose hors de l'ordinaire, de miraculeux qui fait qu'on n'a plus soif.

Comme on ne goûte plus les différences, une seule chose suffit.

L'eau changée en vin vient pour les noces, un repas d'amour et qui préfigure l'amour du Christ sans que l'on CERNE bien comment, et à quel moment, pourquoi il nous est offert comme une source invisible.

À la multiplication des pains, l'identique se multiplie et il en reste. Ce pain vient pour la FAIM, alors que le vin de Cana ne vient pas pour la SOIF, et malgré cela, les invités le boivent, par plaisir.

La question des deux miracles en filigrane, à niveau humain est :

- Qu'y a-t-il après la faim ?
- Qu'y a-t-il après la fin ?

Quand on n'a plus faim, on est prêt à écouter. Quand on n'a plus soif, on ne boit plus pour se désaltérer.

Les invités boiront jusqu'à la FIN DU REPAS DE NOCES au-delà de leur soif, après la soif, sans soif, et sans fin.

La foule de la multiplication des pains LAISSERA des restes, une fois sa faim assouvie, elle sera prête à écouter la parole du Christ.

À Cana, le vin est gardé pour la FIN et ils boiront jusqu'à à la fin. Tandis que la foule énervée mangera À LA FIN OU MANGERA ENFIN.

L'eau peut apparaître aussi sous d'autres formes.

L'eau peut être une nappe (comme la nappe du banquet).

Dans l'eau, il y a les poissons, les crustacés que l'on peut pêcher, l'eau peut donc être une nappe, mais comme nappe, on ne connaît pas sa PROFONDEUR, comme elle REFLÈTE UN PAYSAGE.

De cette eau tranquille d'apparence, on ignore a priori qu'il y a des poissons, l'eau comme nappe est un mirage qui peut tromper. On NE VOIT PAS toujours si on a pied et l'on ne risque pas de se noyer, de même, on ne voit pas le FOND ni tout ce qu'il y a dans l'eau, on est aveuglé par la surface.

Dans le cas de la « tempête apaisée », on peut noter que le mystère reste entier. Ainsi, si les eaux agitées et troubles empêchent de « prendre » du poisson verticalement et en profondeur, elles empêchent de « traverser » le lac par la navigation (horizontalement). Le lac à l'état normal est une SURFACE qui reflète comme un SOLIDE, elle masque donc autre chose, la profondeur même si l'on « sait » que l'on peut pêcher, la surface calme est en apparence sans vie, sinon celle qu'elle reflète. Lorsque le lac se trouble, tempêtes, il est

SANS SURFACE et offre l'apparence de vie alors que justement, dans ces conditions, on ne peut rien pêcher. Le lac peut être une eau sur laquelle on marche, Pierre craint de se noyer, son manque de foi le fait hésiter et enfoncer, cependant le lac peut être une surface sur laquelle on MARCHE, on ne coule pas, comme le BOIS qui FLOTTE ne se noie pas. Pierre essaye de « marcher sur les flots en mouvement », il veut bien croire que les flots le laisseront passer. Élisée frappe les eaux de son manteau pour les séparer, les eaux se séparent comme si elles étaient immobiles et non mouvantes, le TEMPS QU'IL MARCHE ET PASSE, puis elles retombent. Ce temps est un temps d'éternité, il doit COMMENCER PAR MARCHER, les flots ne sont pas ouverts, le Seigneur lui dit : « viens », il est prêt à lui « ouvrir » une « surface » qui lui « laisse le temps de marcher », mais Pierre doute.

La foi, c'est « marcher à temps » dans le « temps de la marche ». Quand on ne marche pas, mais que l'on espère marcher, on espère marcher déjà « D'ICI À LÀ », c'est-à-dire entre deux BORNES et non tout simplement marcher, ou bien on espère marcher « ICI ET LÀ », c'est-à-dire à certains endroits mais pas partout, ce qui reste de l'ordre du projet, ou on attend de VOIR le Christ présent. On ne pense pas qu'il puisse guérir à distance, comme la Cananéenne à laquelle Jésus dit : « ta foi est grande, va, ta fille est sauvée ». Ainsi MARCHER dans LE SENS de l'ESPÉRANCE, ce n'est pas encore marcher AVEC l'espérance. Ainsi, on peut indéfiniment « croire marcher » en vue de telle ou telle chose, mais on peut infiniment « marcher » À PERTE DE VUE avec pour horizon le Christ que cependant on ne voit pas. Cet horizon n'est pas borné dans le temps et l'espace.

LA MONTAGNE

L'amour du Christ est un amour qui parle par signes, c'est « un feu sur la terre », c'est donc un amour qui brûle comme le cœur des disciples d'Emmaüs auxquels il a transmis ce feu, « notre cœur n'était-il pas tout brûlant quand il nous parlait sur la route ». Il brûle sans consumer et sans se consumer. Les péchés des hommes sont la croix qu'il traîne, qu'il porte, sous laquelle il tombe trois fois, et que finalement il dresse.

On peut dire qu'il pousse par obéissance au Père « l'esprit de sacrifice » jusqu'au sacrifice de l'esprit, « entre tes mains, je remets mon esprit ».

Ayant tout donné, il laisse les hommes libres d'accepter ou de refuser ses dons et le don de sa Vie, les hommes sont libres, aussi souffre-t-il que l'on pèche et il souffre de nos péchés, il souffre de nous aimer car il nous aime au point de nous dissimuler à quel point il nous aime, la voie de son Cœur ne se trouve que si on la cherche avec constance, par ailleurs, il dit : « vous ne me chercheriez pas si vous ne m'aviez déjà trouvé », et en même temps, pour le chercher, il faut qu'il nous appelle individuellement. Le Christ contient son Amour, il ne l'impose pas, il « supporte » qu'on le repousse, il s'offre à nous « supporter » avec nos refus et nos lenteurs, sa passion est aussi une « compassion ». Il s'ouvre à la souffrance, il s'offre à nous « emporter », si nous le voulons bien, il nous emporte parfois malgré nous, il s'emporte parfois, la miséricorde n'a pas la fadeur d'un sel qui ne sale plus.

Il s'emporte contre les pharisiens (Mathieu, chap. 23), contre Pierre, dans le temple (2020). Son Cœur s'épanche avec compassion ou explose, dans les deux cas, il s'EXPOSE, il s'expose à l'adoration de la foule (ce qui n'est pas son but), au jugement des scribes et des pharisiens, de tous ceux qui sont prêts à le prendre en défaut. Ce sont deux formes d'ouverture où il apparaît toujours entier, il est « touché » par la misère des hommes, comme il laisse simplement « toucher » la frange de son manteau, pour les malades, il dit : « c'est la miséricorde que je veux et non le sacrifice », et aussi : « veillez, priez, jeûnez afin de ne pas entrer en tentation », Thomas aussi touchera ses plaies. En se laissant « toucher », au double sens du terme, il a une participation, il se « compromet » avec cette foule et ces malades, comme il lavera les pieds des disciples.

« Le plus grand parmi vous sera votre serviteur ». On L'ÉLÈVE, mais aussi IL S'ÉLÈVE, on l'ABAISSE, mais aussi IL S'ABAISSE, on le porte au sommet, mais aussi, lui, se porte au sommet par ses avertissements et son autorité, on l'abaisse, on se moque de lui, mais lui aussi s'abaisse.

On « le porte » au sommet de la montagne.

Il est lui-même une montagne, aux flancs rocailleux, qui s'expose aux jugements sévères.

Il s'expose aux malades. Comme dans le sermon sur la montagne, la montagne qu'il faut gravir, il faut s'abaisser pour être élevé, mais qui sera élevé sera abaissé. Et toute montagne sera aplanie.

En un sens, on EST ÉLEVÉ quand on a atteint le sommet de la montagne, pour gagner le sommet de la montagne, il faut souffrir, transpirer, se donner du mal. Ainsi, ceux qui auront pleuré seront « consolés », ils auront souffert, mais seront consolés de leurs peines, car le Seigneur les TRANSPORTERA sur un sommet (à noter que quand le diable tente le Christ, il le transporte aussi sur un sommet), où ils ne pleureront plus que de joie.

Ceux qui pleurent, en un sens, VOIENT, et en un autre sens, NE VOIENT PAS. S'ils sont « transportés de joie », ils voient malgré et à travers leurs larmes, ils baignent dans la joie, ils « voient un paysage » et en même temps n'ont pas besoin de voir et sont comblés, mais ceux qui pleurent de désespoir vivent le moment présent comme sans issue, comme Job qui se plaint, hormis le fait que Job voit une issue, il parle à Dieu. Ou bien ils pleurent parce qu'ils travaillent et gagnent leur vie à la sueur de leur front sans vraie joie, que de maigres plaisirs, ceux-là, s'ils ne désespèrent pas, pleurent sans rien attendre. Pour atteindre le sommet de la montagne, il faut DÉSIRER l'atteindre, parfois, au sommet, on n'a plus rien à désirer que de redescendre. Du sommet, on voit, d'en bas, on ne voit pas.

Ceux qui désespèrent ne voient rien, ils ne VOIENT PAS de PAYSAGE comme quand on est au sommet, leurs larmes sont des larmes qui empêchent de voir. Ils ont soif de quelque chose mais ne savent pas de quoi. Probablement de cette eau vive qui sort du Côté du Christ. Ils ont faim mais ne trouvent pas de quoi. Le sommet est toujours un « sommet dont on voit » une récompense après des efforts.

Ceux qui sont découragés devant les difficultés n'amassent pas « pour les jours à venir ». on peut redescendre de la montagne, ou y rester, on peut y être transporté par le Christ. Ceux qui ont travaillé et souffert pensent qu'ils seront consolés, transportés sur la montagne, comme les justes qui ne se sont pas découragés dans l'adversité.

Il y a aussi les malades qui ne peuvent pas « grimper » et « combattre » sans « s'agenouiller » au bord du ruisseau pour s'abreuver, tandis que les guerriers de Gédéon, eux, combattent sans s'arrêter, ceux-là aussi espèrent que le Christ les « portera ».

Le Christ vient SAUVER CE QUI ÉTAIT PERDU, les faibles, les pauvres et les pécheurs.

Pour la Transfiguration, elle a lieu aussi au sommet d'une montagne. Comme le Christ nous « transporte » au sommet de la montagne, de même, si nous avions « un grain » de foi, nous déplacerions les montagnes.

On comprend que les tentations ont lieu parfois au sommet de la montagne, car du sommet d'une montagne, il semble que les choses nous appartiennent. Comme la VUE s'étend loin, on fait des PLANS, en réalité, le seul plan que l'on puisse faire dans l'immédiat, c'est de redescendre. Le seul plan du Christ est de faire la volonté de son Père, ainsi, c'est douloureusement qu'il s'apprête à souffrir sa Passion, il « SE TRAÎNE » et « TRAÎNE SA CROIX », « mon âme est triste à en mourir » dit-il, « cependant, Père, s'il est possible que cette coupe s'éloigne de moi, cependant non pas comme je veux mais comme tu veux ». Ne peut-on pas dire que pour lui, l'esprit de sacrifice va jusqu'au sacrifice de l'esprit ?

Le « sacrifice de l'esprit », c'est l'esprit qui ne « brille » plus au milieu des hommes, pour faire connaître la gloire de son Père, le sacrifice de l'esprit, « le sacrifice qui plaît à Dieu, c'est un esprit brisé », c'est une humiliation non choisie en l'occurrence. Si durant toute sa vie, le Christ montre sa miséricorde, à la fin de sa vie, « l'esprit de sacrifice » va jusqu'à sacrifier cette « ultime parcelle d'esprit », celle qui le faisait toujours parler au Nom de son Père comme « envoyé », ici, c'est le Père qui lui demande quelque chose. Il ne choisit plus à cet instant, il ne choisit pas de sacrifier son esprit « d'envoyé » et pourtant, son Père lui réclame cet ultime sacrifice, ou peut-être même, cet ultime sacrifice, il le fait en quelque sorte malgré lui avec beaucoup de réticences intérieures, car on peut sacrifier sa vie pour une cause, mais son esprit, c'est plus difficile. On peut peut-être aller jusqu'à dire que c'est le Père qui sacrifie l'esprit de son Fils, en quelque sorte, un sacrifice que personne ne fait jamais.

Il choisit de guérir, de prêcher, accepte le rôle que son Père lui donne durant sa vie terrestre, il a choisi l'esprit de sacrifice, au sens prosaïque, en servant les hommes, « je ne suis pas venu pour être servi mais pour servir », mais il ne choisit pas sa Passion, sa mort douloureuse et surtout pas de sacrifier son esprit à son Père.

Il choisit d'accepter d'être ridiculisé au moment du procès, couronné d'épines. L'esprit, c'est ce que tout homme a pour « mettre en mots » des choses qui sont douloureuses, qui perdurent, par les mots, les choses entrent en un certain sens, dans la réalité des autres, l'esprit est notre richesse, à cause de cela, s'il n'y a pas de mots, on ne peut rien exprimer, à moins que l'on exprime avec des sons et des timbres, comme autre richesse de l'esprit. Le Christ dit : « entre tes mains, je remets mon esprit » (à son Père). Ainsi, le Christ « rend l'esprit » au sens de mourir, et il « rend l'esprit » au sens de remettre son esprit aux mains de son Père. Il ne lui reste alors plus grand-chose à dire, « mon Dieu, pourquoi m'as-tu abandonné ? » sa dernière victoire, c'est sa mort et sa Résurrection. Les mots ne lui viennent plus à l'esprit, il dit : « j'ai soif » et « tout est consommé ». Paroles qui semblent d'une banalité épouvantable et en même temps la grandeur et la vérité même de son sacrifice, à cet instant précis.

Cet instant est vécu dans une remise totale aux mains de son Père.

BREBIS ET MONTAGNE

La montagne, ce sont parfois les désirs que l'on veut réaliser, ils forment parfois une montagne où tout s'enchevêtre.

Ivres de désirs, les hommes essayent de gravir la montagne, ils n'hésitent pas à se charger de lourds fardeaux, au lieu de n'emporter comme nous dit l'Évangile « ni sac ni tunique de rechange », et souvent s'égarent la nuit, cette nuit vient comme un voleur, à peine quelques ombres d'abord, puis tout à coup, elle descend. Ils n'ont pas prévu que le trajet serait si long avant d'atteindre le sommet (suivant leur plan), pas prévu que peut-être, ils seraient surpris par le mauvais temps (difficultés matérielles, fatigue), ni même que s'ils arrivaient au sommet, il ne leur resterait comme unique plan que de « redescendre ». Routes, col fermé, ou la nuit « qui vient comme un voleur », les brebis perdues NE SE SAVENT PAS PERDUES si elles s'égarent dans des collines verdoyantes, sans danger apparent, elles ne SAVENT PAS RETOURNER SUR LEURS PAS.

La nuit vient comme un voleur, mais le voleur vient comme la nuit, en se « déguisant ». La nuit, quatre personnes peuvent venir : l'époux, l'ami importun qui vient demander du pain et réveille, le Seigneur qui vient à l'improviste (aussi, pourrait-on dire quasiment comme un voleur, il faut être prêt) et le voleur qui, ou perce le mur de la maison quand on dort, ou quand est éveillé, se déguise en Seigneur, ou escalade à un autre endroit pour ne pas passer par la porte.

Si les brebis s'égarent, s'étant éloignées du pasteur ou parce que le pasteur a été frappé et qu'elles ont été dispersées (puisqu'il ne peut plus les rappeler), elles ne SAVENT PAS RETOURNER SUR LEURS PAS.

Ainsi, comme des brebis, nous n'avons pas la possibilité de revenir en arrière, que nous soyons égarés de jour ou de nuit, dans le temps et l'espace. Les brebis alors se disent, pour peu qu'elles pensent un tant soit peu à l'abri de la bergerie, aux pâturages tranquilles, qu'elles ont eu tort de s'éloigner par insouciance des taillis et des ronces avec peut-être des loups, dans le froid, seul le berger « venu chercher ce qui était perdu » peut partir à leur recherche même de nuit, et les retrouver, éclairé à la lanterne, le jour, à son appel, à son cri.

Comme elles ne peuvent sans lui faire demi-tour, il les trouve et les retrouve à l'endroit où elles s'empêtraient dans les ronciers, et elles le suivent alors, après l'avoir reconnu, par un chemin plus court pour rentrer vite, car elles sont fatiguées et le berger le sait, qui les prend sur ses épaules. Ainsi le Christ a désiré, en mourant pour nous sur la Croix, nous épargner le long trajet du chemin du retour, d'un chemin parcouru dans l'autre sens, à l'aller, il a désiré nous épargner ce chemin et la reconnaissance à nouveau des dangers successifs rencontrés à l'aller, qu'il faudrait craindre alors, il a désiré nous épargner ce CHEMIN DE RECONNAISSANCE pour nous conduire tout droit sans reconnaissance, c'est-à-dire sans que nous reconnaissions le chemin (et pourtant l'enfant prodigue revient) et sans reconnaissance (sans reconnaissance pour son Amour), sans même notre reconnaissance du premier coup, à l'abri de la bergerie, par le pardon de nos péchés et le rachat de nos fautes.

Étant un esprit sans intelligence, comment la brebis pourrait-elle « retrouver le bon chemin » ? Comment pourrait-elle avoir de la reconnaissance quand le berger la retrouve ? Les DEUX RECONNAISSANCES (reconnaissance du chemin dans l'autre sens et reconnaissance pure du cœur lui échappent). Elle reconnaît le berger au sens où elle le VOIT LÀ brusquement et comme elle l'a déjà vu par le passé, elle se laisse prendre et emporter sur les épaules.

Le Christ est venu « sauver ce qui était perdu », ce qui EST perdu, c'est la mémoire, la MÉMOIRE du temps écoulé et perdu, des espaces dangereux parcourus et dont on ne mesure plus les dangers, la mémoire enfin, qui nous fait mesurer ce que nous avons perdu par rapport à ce que nous retrouvons. Le berger EST LÀ comme il ÉTAIT LÀ, DANS UN AUTRE TEMPS. Ce qui s'est passé ENTRE, s'évanouit instantanément, le passé ne compte plus, seul PRÉSENT DE LA JOIE ET DE LA PAIX.

On passe en un SAUT INSTANTANÉ des longues errances, au moment de retrouvailles allègres, la brebis est soulagée « D'UN PESANT FARDEAU », d'ailleurs, il n'est pas anodin que le berger la porte sur ses épaules comme sa CROIX, elle n'a pas la force de SE PORTER, elle est épuisée, le joug du Christ est aisé « et son fardeau léger » pour qui se confie entièrement entre ses mains.

Le Seigneur nous ÔTE une croix très lourde, celle de nos péchés, instantanément, il nous propose de PRENDRE notre croix. Ainsi, les brebis doivent obéir au gardien du troupeau et suivre le troupeau, ne pas s'écarter. Quand le berger la retrouve, la brebis n'a pas « le sens de la reconnaissance » et cependant elle le reconnaît, elle se laisse porter « aveuglément » vers la bergerie.

L'enfant prodigue, lui, part, il y a les années folles, où il dépense son héritage, il PENSE ensuite, il revient, se disant qu'il aura au moins à manger chez son père, or, celui-ci l'accueille sans faire MÉMOIRE du passé, instantanément, ce passé DOIT ÊTRE OUBLIÉ, il s'agit uniquement de festoyer, il n'est même pas question de PARDON, « mon fils que voici était perdu et il est retrouvé », le père a cependant porté la « lourde croix » de la souffrance à cause du départ du fils, pour un lieu ignoré et lointain, son ingratitude. Le fils, passé le moment des « fausses excuses », ne peut que profiter de la fête et retrouver ses prérogatives de fils. Notons que le fils n'a jamais DÉSESPÉRÉ, il s'est toujours dit : « s'il ne me reste plus rien, il me RESTERA de retourner chez mon père ». Or, ce n'est pas UN RESTE qu'il reçoit, c'est la MEILLEURE PART. Le père a tout OUBLIÉ, il a tout EFFACÉ DE SA MÉMOIRE, de ce qu'il a souffert à cause de l'ingratitude en le retrouvant. Le royaume des cieux intemporel, ces retrouvailles en sont la préfiguration.

Le fils n'a jamais désespéré, il savait qu'il lui restait une solution, il a CALCULÉ qu'il pouvait revenir. Le père n'a rien calculé, ceux qui héritent du « royaume des cieux », ce sont ceux qui ne calculent pas, comme les petits enfants ou les brebis. La brebis perdue n'a pas calculé que le berger allait la retrouver, elle ne s'est pas égarée en disant : « si je m'égare, mon maître me retrouvera, il ne m'arrivera donc RIEN ».

Ce qui est un « fardeau léger », c'est ce qui EST PORTÉ AVEC AMOUR, le berger aime ses brebis et les brebis aiment avoir un bon berger, la CROIX COMME AMOUR, c'est ce qui est porté AVEC AMOUR, si, nous dit le Christ, nous voulons bien le suivre.

« Ce qui était perdu », ce sont ceux qui désespèrent, qui ne voient pas d'issue, qui n'ont pas mémoire du passé, et se sont égarés sans calculer la possibilité d'un retour, ceux qui ont tout misé sur les joies de l'héritage gaspillé et les mauvais plaisirs, ceux qui se sont égarés dans les collines sans point de repère, MARCHANT SANS VOIR OÙ ILS ALLAIENT, AU HASARD, pour le plaisir de marcher et D'ALLER LE PLUS LOIN POSSIBLE. Ceux qui désespèrent ont dépensé sans compter CE QU'ILS SONT, leur force, leurs qualités, ils les ont ÉPUISÉES, stérilisées. N'ayant pas REGARDÉ PAR OÙ ILS PASSAIENT, ils sont bien INCAPABLES DE REVENIR SI ON NE VIENT PAS LES CHERCHER.

Dans la parabole de l'enfant prodigue, notons que c'est l'enfant qui revient, il n'a donc pas PERDU LA MÉMOIRE DU CHEMIN PARCOURU ET DE L'ENDROIT OÙ IL EST ÉGARÉ, IL SAIT REVENIR SUR SES PAS.

Tantôt, c'est donc le berger qui retrouve la brebis, tantôt donc, c'est l'enfant qui retrouve son père et retourne chez lui.

Pour la brebis, il y a le temps où elle « suit » et le temps où sans s'en être aperçue, elle s'est « perdue », elle « précède ». Elle voit alors qu'elle ne « suit plus ». Elle ne voit plus le berger.

Pour l'enfant, il part, veut s'en aller et sait qu'il va revenir si les choses tournent mal, et revient effectivement « sur ses pas ».

Ni la brebis ni l'enfant ne font le vrai chemin de la « reconnaissance ».

La brebis représente ceux qui désespèrent, étant dans un « trous sans fond », l'enfant, ceux qui n'ont jamais désespéré, plutôt, ont toujours compté sur et pour quelqu'un.

La brebis se TROUVE RETROUVÉE INSTANTANÉMENT, le fils RETROUVE SON PÈRE, mais on ne peut dire qu'il soit empli de reconnaissance, il a reconnu le chemin à faire en sens inverse, demandé pardon, sans plus, est content que « les choses se passent bien ». La brebis égarée n'établit pas de lien entre le bon pâturage et le bon berger, comme les « hommes sans intelligence » et les « esprits lents à comprendre » dont il est parlé dans l'Évangile. Elle n'a pas l'intelligence de ne jamais quitter le berger.

Or, le Christ nous dit : quoique vous fassiez, que vous vous écartiez volontairement en pleine connaissance, calculant même que vous pourrez toujours revenir, ou que vous vous égariez par insouciance, comme la brebis, et incapables, n'ayant rien calculé, de retrouver votre chemin, moi, je vous retrouverai, moi, je vous sauverai, moi, je vous ferai un accueil triomphal, car je vous aime plus que tout ce que vous pourriez calculer, que vous soyez sans intelligence comme les brebis ou intelligent comme le fils prodigue, ainsi, quoique vous fassiez, je vous retrouverai, je retrouve « ce qui était perdu », ceux qui ont désespéré et ceux qui ont voulu peser mon amour et croire qu'ils pouvaient s'en séparer, puis dans un deuxième temps, « s'en emparer », le peser et être accueilli au retour. Quoique vous fassiez, toute voie aboutit à moi, aussi, contentez-vous d'avoir confiance, tout ce que je réclame, c'est votre amour.

Je vous impose une « croix d'amour », je vous marque par cette croix d'amour mon signe de reconnaissance, vous êtes aimés, souffrez d'être aimés, même si dans un premier temps vous rejetez ce « joug » (Bible : « au bord du chemin, je t'ai trouvé baignant dans ton sang », etc.) Si je vous impose cette « croix d'amour », nous dit le Christ, c'est pour que vous trouviez soulagement aux épreuves sur la terre et que vous ne vous égariez pas.

La brebis qui « suit » le maître et celle qui, continuant, et peu après, toute fière, le PRÉCÈDE, marche du moins, l'ayant perdu de vue, sans s'apercevoir et ne sait pas qu'elle court de graves dangers.

LE ROCHER

L'amour du Christ nous garde « au creux du rocher », il garde ceux qui sont usés dans la détresse, abandonnés. Ils sont à l'abri de son rempart sans en avoir toujours conscience et connaissance. Cependant, celui qui se trouve à l'abri de ce rempart, sans connaissance, peut être sauvé malgré tout.

Si rien ne détermine cette personne à penser alors que l'amour du Christ veille sur elle, elle peut être dans l'obscurité la plus profonde, ne pas penser, car le Christ est le rempart dont on ne s'empare pas, c'est plutôt Lui qui s'empare de nous. Aucun effort ne peut aboutir, ni la séduction d'une idée telle que « voir du haut du rempart », ainsi, on ne peut partir à l'assaut.

De l'intérieur, on ne voit pas, mais on peut voir un « voile », comme ÉLie qui sait Dieu présent à l'entrée de la caverne, entend un léger souffle, une brise légère.

On peut se laisser envelopper d'un voile qui nous cache les choses réelles, ce qu'il y a réellement à voir. Être conquis malgré soi.

La paix que l'âme reçoit dans le rempart n'est ni indéfinie ni finie, l'absence de connaissance, quelque chose qui n'aboutit pas et cependant quelque chose qui se trouve, un terme qui se fait désirer et attendre, et une attente qui ne pèse pas.

La joie ne vient pas du créé, « elle clôture » les désirs, elle ne les ouvre pas sur une multitude d'objets variés, donnant des joies temporaires.

C'est « l'eau vive » dont parle le Christ à la Samaritaine qui fait que l'on n'aura plus jamais soif.

Le mouvement est autant quelque chose qui ne rencontre pas d'obstacle, une précipitation, que quelque chose qui se ralentit et surmonte les obstacles. Le mouvement, s'il ne rencontre pas d'obstacles, ralentit spontanément, le mouvement qui a à surmonter des obstacles prend son élan sur ces obstacles même pour aller plus vite, tel le mouvement de l'eau des torrents et des fleuves qui coulent sans obstacles et peu à peu ralentissent et forment des nappes tranquilles, sans que l'on s'en aperçoive et l'on comprenne bien.

La croix du Christ est comme un rempart, une croix d'amour où le mouvement « SE RÉPARE » et se « PRÉPARE ».

Si la Croix est le Bois victorieux qui a vaincu la mort, il y a tout un temps avant, en particulier celui de la Passion, le Christ tombe trois fois sous le poids de la croix, à l'image de ceux qui tombent et se relèvent, ou de ceux qui meurent et ressuscitent, telle la petite fille de Jaïre rendue à la vie. Le « joug est léger » dit aussi le Christ, dans la mesure où c'est lui-même qui nous porte, mais prendre sa croix seul peut mener à des déconvenues.

Le suivre sans porter sa croix ne nous fait pas participer comme il le désire à sa Passion et à sa mort, pour une part infime.

Ceux qui sont morts sont parfois, dans l'Évangile, « enveloppés du sommeil de la mort », mais dorment, comme dit le Christ de la petite fille, elle dort, ainsi ceux qui se couchent ou « dorment » ou « sont morts » mais les deux reviennent au même, en apparence. Lazare « enveloppé de bandelettes » est l'homme qui doit se « développer » pour pouvoir mourir, enveloppé de bandelettes, il n'est pas encore réellement né à la vie. Les bois qui poussent, les graines qui poussent, deviennent des arbres, meurent et tombent aussi, les troncs pourrissent et s'effondrent, ils vont au feu, à moins qu'il n'y ait des rejetons, de jeunes rameaux qui rejaillissent des racines et du sol, les troncs qui ne vont pas au feu peuvent servir aussi à faire des barques et des rames, la croix et les rames sont en bois, avec les rames en bois, on fait effort, on porte sa croix, on fait effort pour avancer.

L'image pour avancer dans sa barque, dans la barque du Seigneur, l'image de ceux qui tombent, qui « meurent », qui « dorment » est aussi celle du péché, ceux qui « tombent » se relèvent ou ne se relèvent pas, vont à la perdition. Ce qui ne tombe pas ne pousse pas. Ce qui ne tombe pas ne porte pas de fruits, est bon à être jeté au feu, comme le figuier stérile bon à être coupé. Mais aussi ce qui ne tombe pas, pousse. Ainsi, il y a à la fois des branches qui fléchissent vers la terre et l'élan du tronc vers le ciel. En vie, l'arbre tombe et ne tombe pas, porter sa croix, c'est tomber et ne pas tomber, tomber et se relever jusqu'à ce que le Seigneur nous arrache définitivement à la mort. Dans le monde EN MARCHE, il n'y a pas de place pour l'immobilité, il y a ceux qui poussent, tombent et se relèvent, meurent et dorment, et ce qui repousse. Morts ou ensevelis du sommeil de la mort, on les enterre dans des « tombes » d'où ILS NE TOMBENT PLUS, pourrait-on dire, puisqu'ils ne peuvent plus pécher, et qu'ils tombent en poussière ou plutôt deviennent de la poussière avant la résurrection. Jésus commande aussi au vent et à l'eau qui doivent « tomber », s'apaiser, ou arroser. De même, doivent alterner des périodes de fécondité de la terre et de repos, des périodes de jeûne et de fête, « bientôt vous ne m'aurez plus » dit le Christ, « lors, vous jeûnerez ». Il faut jeûner aussi au sens où ne pas jeûner peut signifier « creuser sa tombe avec ses dents ». On peut jeûner en attendant l'époux, le festin du royaume. On peut aussi se nourrir du « rouleau » dont parle Ézéchiel et de l'Écriture ou se nourrir du Corps et du Sang du Christ. La nourriture écrite est « roulée », l'eucharistie est

« roulée », on sait qu'on reçoit le Corps du Christ mais on ne voit rien. Ce rouleau est comme les bandelettes de Lazare, elle doit nourrir, développer notre cœur et notre intelligence en « l'ouvrant » au Christ, on peut jeûner aussi au désert, dans la solitude, ou en consommant « les restes » ou ne consommant ce qu'on ne désire pas, comme le Christ demande à son Père que le calice s'éloigne mais que sa volonté soit faite. Comme on peut festoyer sans fin, comme on creuse une tombe ou comme « les morts enterrent leurs morts », ils enterrent leurs morts comme des morts, en ce sens, ou plutôt comme des « corps ».

En un autre sens, ce qui pousse ensevelit aussi sur terre, la chair, le végétal, revêtent et couvrent d'un manteau qui, quand on ne croit pas à la résurrection, est un linceul. Ainsi, le livre peut être roulé et déroulé (Isaïe, Luc), et le manteau peut être roulé comme Élisée frappe les eaux de son manteau roulé. On trouve souvent dans l'Écriture cette image du manteau. Vivants comme des morts, ceux-ci ne pensent pas au temps hors de la MARCHE, à un temps « suspendu », sans avenir, où on a définitivement fini de grandir, de vieillir, de mourir, le temps de la vie éternelle, qui nous est offert si nous le voulons, et du linceul à différentes reprises.

La parabole elle-même est une enveloppe, qui décrit et éveille notre esprit, elle se développe comme une graine en arbre, avec de multiples branches où « nichent les oiseaux ». Jésus guérit sans phrases et sans mots, sans gestes et sans signes ou avec des phrases, des gestes, et des signes, ainsi, ce qui est ténèbres à un moment donné est lumière à un autre, et ainsi, on passe des ténèbres à la lumière.

Les ténèbres peuvent être comme un manteau, ENVELOPPER, elles peuvent ENSEVELIR, comme un linceul, mais « ensevelit, dissimule » aussi : Samuel apparaît mort, enveloppé d'un manteau.

Le manteau est aussi ce que l'on met sur les épaules du Christ pour le « couvrir » de ridicule.

Ce peut être aussi son manteau que l'on vient toucher pour être guéri.

Le manteau dont on le couvre est aussi un manteau qui enveloppe le Christ de « ténèbres », ces ténèbres sont pour Lui et pour ses adversaires. Ceux-ci ne voient en Lui qu'un homme condamné à mort et dont on se moque, ils ne voient pas le Christ. Le Christ est lui-même déjà là, enveloppé de ténèbres, il se voit abandonné de tous, à sa mort, des ténèbres envahiront la terre.

Il y a aussi les ténèbres de la nuée lors de la Transfiguration.

Le manteau d'Élisée sert à partager les eaux.

Le manteau sert à couvrir, mais on se l'arrache aussi (David coupe un pan du manteau de Saül).

Quand il est abîmé, il faut le remplacer, on ne met pas une pièce à un habit neuf, dit l'Écriture, de même, on ne met pas une pièce neuve à un habit usagé.

Si la lumière se sépare clairement des ténèbres, signifiant deux mondes opposés, « ce qui est chair né de la chair est chair, ce qui est esprit né de l'esprit, esprit ».

Il y a un moment où ces deux mondes semblent se rejoindre ou du moins se toucher, c'est à l'aube et à la tombée du jour (pèlerins d'Emmaüs qui, à la tombée du jour, ne reconnaissent pas Jésus ressuscité - tombée du jour au jardin des oliviers, les apôtres s'endorment de fatigue, Jésus leur dit par deux fois de veiller).

LE CHEMIN DE CROIX

Sur le chemin, on rencontre parfois des obstacles, des stations douloureuses, ou parfois, on tombe, le Christ nous demande d'avancer toujours malgré les chutes, les obstacles et les difficultés. Ce chemin de connaissance n'est pas un chemin de reconnaissance, on ne doit pas revenir sur ses pas, comme nous avançons toujours, notre cœur n'est pas comme il devrait l'être, rempli de reconnaissance pour la pierre que le Christ a ôtée du chemin sur notre passage pour nous éviter une chute, il n'y a donc pas de « reconnaissance » ni du « chemin » ni du « Christ » et des épreuves qu'il veut nous épargner en nous insufflant l'amour et la foi, car on ne le voit pas au bout du chemin encore, nous le verrons, c'est ce que nous croyons, mais en attendant, nous vivons dans l'espérance en nous heurtant aux obstacles quotidiens et sans établir spontanément de lien entre l'amour du Christ et ces obstacles, qu'il soit là pour nous aider à grandir dans la foi, et qu'il soit là pour que nous nous tournions davantage vers Lui si nous tombons et n'arrivons pas au bout de nos peines. Qu'il soit là pour ôter la pierre, sans que nous nous en apercevions, qu'il nous porte, alors que nous croyons nous porter nous-même.

Ainsi, il est significatif de voir que les mages ne reviennent pas par le même chemin, ils ont été guidés pour aller à l'étable par une étoile, mais ils ne sont pas revenus par le même chemin de reconnaissance des lieux, leur cœur pourtant était empli de reconnaissance tout en marchant dans le noir par des sentiers inconnus d'eux, ils savaient sans savoir, et ils étaient reconnaissants d'avoir vu le Sauveur sans savoir non plus tout ce que cela pouvait signifier, aucune étoile ne les guide sur le chemin du retour, seulement l'assurance et la confiance après avoir vécu un grand événement, ainsi donc ils POURSUIVENT leur chemin pour aller au-delà et non revenir sur leurs pas comme s'ils devaient faire la navette, le paysage obscur est différent pour les pèlerins d'Emmaüs après la mort de Jésus, plus d'exaltation, de joie triomphale, seulement la tristesse de la mort et de son absence alors que justement il est là, quand ils reviennent, il fait le trajet du retour avec eux, il fait jour puis nuit, ils ne le reconnaissent pas de jour, ils le reconnaîtront quand il sera parti à la nuit (27).

Les pèlerins le trouvent sans le reconnaître et le reconnaissent après l'avoir de nouveau perdu. C'est ainsi le mystère du jour et de l'obscurité qui se croisent, au moment insaisissable et fugitif d'une aube. Abraham, de son côté, il lui est prédit une descendance aussi nombreuse que les étoiles dans le ciel, or justement, il ne peut compter toutes les étoiles, il ne s'agit donc pas de voir ou de savoir, mais de marcher, aller vers son pays avec Sarah, il ne voit pas encore et il ne verra pas cette descendance se multiplier après sa mort, on lui ouvre un avenir et l'espérance. Aussi, il y a les chemins où on se rencontre sans se reconnaître, les chemins où on ne se rencontre pas, les voies de perdition où on s'égare. Enfin, les chemins où on se rencontre et où on se reconnaît, mais trop tard, si Jésus dit :

- « Cherchez et vous trouverez »

- « Vous ne me chercheriez pas si vous ne m'aviez déjà trouvé »

Quand on le cherche, il est insaisissable.

Ainsi, au temple, ses parents le cherchent pendant trois jours. Les pèlerins le cherchent mais l'ont déjà trouvé. Les pèlerins d'Emmaüs le voient sans le reconnaître aussi.

Pour trouver, il faut « chercher » la porte étroite.

Mais si nous Le cherchons, quand nous ne Le cherchons pas, Jésus, Lui, nous cherche.

Ainsi, il n'est pas ici ou là, entre, mais au milieu.

Les chemins qui se croisent ou ne se croisent pas sont des liens, des nœuds. Ces liens empêchent parfois les chutes, ou bien ces nœuds provoquent les chutes.

Enfin, on ne possède pas les liens, les nœuds.

On passe par Le ou Les chemins, les chemins se croisent et on est obligé de passer, sur le chemin, on peut faire des chutes, être retardé, être pris dans un orage, être arrêté et retenu par des amis ou des ennemis (embuscade). Les difficultés de ce chemin sont dans notre vie comme les stations du chemin de croix. Jésus lui-même est tombé trois fois comme pour nous aider nous-mêmes à garder confiance, malgré nos chutes, il est tombé à cause du poids de la croix, sur ce chemin vers son Père, et il dit : « je suis le chemin, la vérité et la vie », le chemin que nous empruntons, nous, c'est sa voie, au double sens du terme, la condition humaine qu'il a traversée est la voie qui mène vers Lui, et passe par Lui, « nul ne va vers le Père s'il ne passe par moi ».

Ainsi, pas plus on ne peut rebrousser chemin, pas plus on ne peut emprunter une autre voie que celle qu'il nous ouvre.

L'homme de Bethel lui aussi, revient par un autre chemin, c'est-à-dire qu'il poursuit sa route sans revenir par le même chemin. Le bois de la croix est fait lui-même de deux bois qui se croisent à l'intersection desquels le Christ est crucifié. Le Croisement, c'est le lien mais ce peut aussi être la DÉCHIRURE, ainsi la croix vient visiblement unir ce qui était séparé et séparer ce qui était uni, dans un mouvement qui les soude. On sait bien aussi qu'à un carrefour, on peut s'égarer, la croix se trouve plantée à ce carrefour, unissant et ramenant à elle les égarés et ceux qui la suivent. Elle transpire des larmes de sève comme le Christ a transpiré du sang et de l'eau. Le Christ est cloué à ce carrefour, pour unir « ce qui était séparé », le Christ ne « SE » sauve pas, pas plus que du mur de nos maisons, il n'a pas d'issue, seule chose ou possibilité, celle que nous nous sauvions, la liberté, il nous la laisse, d'accepter ou refuser son amour, « laisser échapper » cette croix de nos mains, ou nous échapper loin d'elle, puisque nous pouvons choisir un chemin quelconque pour quitter ce carrefour. Les chemins se croisent au calvaire. La croix est le lien et la croix comme déchirure rachète les déchirures.

Lié à la croix, le Christ tombe trois fois et se relève, c'est l'image des liens ici-bas et de leur imperfection, ils empêchent les chutes comme parfois ils les provoquent. Les liens empêchent les chutes. Dans l'Évangile, il est souvent parlé d'esclaves (philémon), l'esclave fait partie de la famille, il en est familier et cependant, il n'est pas libre de choisir ses attaches, c'est un lien qui n'est pas un lien. On possède l'esclave, on ne possède pas le lien.

Les attaches du péché ligotent. Les chemins de perdition où l'on rencontre les égarés nous font tomber aussi.

Les talents conçus comme liens sont ceux que l'on enterre comme des possessions pour les conserver, en oubliant de les faire fructifier. Les talents ne sont pas à POSSÉDER mais à faire FRUCTIFIER.

Les liens peuvent venir de ce qu'on passe du jour aux ténèbres, sans s'en apercevoir, ainsi, quand on s'égare sans s'en apercevoir ou quand il est trop tard et qu'on passe des ténèbres au jour sans s'en apercevoir. Ainsi, « dormir » signifie en un certain sens « veiller ». « Si ton œil est dans la lumière, tout ton corps sera dans la lumière », « n'éteignez pas l'esprit », ainsi, on peut « marcher » alternativement dans les ténèbres et la lumière sans s'en apercevoir, immédiatement sans transition perçue, « enchaînés par les ténèbres » (231).

Ce n'est que si on ne sort pas des ténèbres que l'on ne s'aperçoit pas que l'on a perdu quelque chose ou qu'il manque quelque chose, comme les aveugles de naissance. Ainsi, le Christ est venu « pour que ceux qui voient ne voient pas et que ceux qui ne voient pas voient clair », ceux qui voient « perdent » la vue, ceux qui sont aveugles la « trouvent » ou la « retrouvent ». Ainsi, les ténèbres, les vraies ténèbres, ce sont celles dont on ne sort pas. Mais on peut être « enchaîné » de diverses façons au cours de son existence, la mort peut déjà enchaîner, on est « baptisé dans la mort », enchaîné par le corps (maladies physiques), enchaînés par la vie (trop attachés à la vie), comme les morts qui enterrent leurs morts, comme les « mordus » qui ne cessent de boire et festoyer, enchaînés par leurs passions mauvaises, ou bien « possédé par l'esprit ». L'Esprit-Saint tantôt « repose sur », « comble », « révèle sa puissance », le Seigneur, à sa mort, dit à son Père : « entre tes mains, je remets mon esprit », Pierre en prison est « lié de chaînes », il se ceint, se chausse et s'habille jusqu'au moment où un autre lui « mettra sa ceinture » pour signifier qu'il ne choisira pas sa mort. Les liens peuvent parfois être rompus, « ne pas vouloir voir » est aussi une « chaîne ».

Le Seigneur est venu faire tomber les chaînes des prisonniers. Une fois libres, ils sont libres de choisir le Christ, sans que celui-ci ne nous force, car Il ne vient que quand il y a un vide. Mais les liens peuvent être mis puis ôtés, puis remis (Actes des Apôtres, chap. 16, 20, 21). Il y a les liens que l'on choisit et dont on peut se défaire et les liens que l'on ne choisit pas qui peuvent tomber par la puissance du Christ, il y a les liens que l'on choisit (péché) dont on ne peut se défaire sans la puissance du Christ.

Les éléments eux-mêmes peuvent SE DÉCHAÎNER, Jésus commande à la tempête, on peut se déchaîner dans le péché et être enchaîné par l'amour, humble et soumis.

Le « calme apparent » est le signe du « bon enchaînement » des choses, ainsi « la tempête apaisée », le possédé qui retrouve ses esprits. Mais la foi peut aussi « soulever les montagnes », « les fous confondent les sages » parfois, c'est-à-dire, ceux qui semblent déchaînés par la passion et l'enthousiasme. « Les fous confondent les sages » car ils sont comme les « petits enfants ».

Comment concilier sagesse et folie, enchaînement et déchaînement, sagesse et passion, on sait que Jésus a critiqué les sages, les pharisiens, « si votre justice ne dépasse celle des pharisiens… », ce qui contredit la loi en apparence, ne la contredit pas nécessairement en réalité, des filets trop pleins CRAQUENT et on perd tout le produit de la pêche, mais peut-on courir le risque de faire craquer les filets ? Jésus semble dire oui. Sans quoi, il n'y aurait pas de pêche miraculeuse, de véritable résurrection, sans véritable insurrection.

Le bon enchaînement des choses, le calme apparent, peut cacher une tempête qui se prépare. Les apparences contredisent la réalité parfois. L'aveugle voit avec ses doigts, avec ses oreilles, aussi, faut-il CROIRE ENVERS ET CONTRE TOUT, contre les apparences et contre les discours. Quand le calme s'établit pendant assez longtemps, on ne pense même plus que les éléments peuvent se déchaîner, ainsi de l'amour qui dort, au mauvais sens du terme, et non au sens des graines qui poussent même la nuit quand il faut dormir. Dans le « mauvais sommeil », on contracte de « mauvais liens », ainsi, celui qui enterre ses talents est certain de bien faire et pourtant il sera réprimandé, le riche qui a amassé dans ses greniers pour « ses vieux jours » meurt à l'improviste. Le DÉCHAÎNEMENT des éléments est une APOSTROPHE du Sauveur, ainsi nous dit-il ou semble-t-il dire, n'as-tu pas vu que tu dormais ?

Lorsque des choses imprévues ou malencontreuses arrivent, les possessions peuvent donc être de mauvais liens, que ce soit l'avoir tout court ou l'avoir de ses facultés et de ses dons, dont on ne pense pas pouvoir être dépossédé.

Celui qui devient « aliéné » comme celui qui « s'aliène » tous ses biens se rend étranger aux autres, le lien devient cause de chute, ces chutes dans le vide ne sont pas le vide que l'on entretient volontairement en soi pour faire face au Seigneur. C'est un vide sans fin et sans fond.

QUESTIONS D'ORDRE

Comment classer les trois phrases de l'Évangile : « cherchez et vous trouverez », « frappez et on vous ouvrira » et « je suis le chemin, la Vérité et la Vie » ?

On peut classer ces trois remarques du Seigneur dans un certain ordre, ou du moins essayer de les classer.

A - D'abord « cherchez et vous trouverez » : on peut supposer qu'il s'agit de chercher la « porte », de même « cherchez le chemin » s'il est le chemin, la Vérité et la Vie. La Vérité se développe le long du chemin parce que le chemin « s'ouvre » et on « trouve » la Vie. Mais la Vérité est aussi toute d'une pièce.

B - « Frappez et on vous ouvrira ». Pour demander, il faut donc à la fois chercher le chemin, suivre le bon chemin, dire la vérité, ainsi on « trouve la Vie ». Frappez et on vous ouvrira. Il s'agit de frapper le « bois », les portes sont en bois, on peut penser à Élie qui frappe les eaux de son manteau pour s'ouvrir un passage, il s'agit de frapper à la bonne porte. Il y a des portes qui s'ouvrent, des portes qui ne s'ouvrent pas, et parfois pas de porte.

C - « Demandez et vous recevrez ». Pour demander, il faut que l'on ait déjà trouvé la bonne porte pour recevoir. Il y a dans l'Écriture des cas de portes qui ne s'ouvrent pas, comme le désert est sourd, la foule est sourde, le désert parce qu'il est recueillement des voix et des souffles, il y a peu de monde, les gens se recueillent, ainsi la voix de Jean-Baptiste qui crie dans le désert peut être entendue au double sens :

Au sens réel : dans le désert, il n'y a presque personne pour l'entendre, et la foule, elle, est faite de sourds et est aussi un désert dans sa solitude et l'isolement de ses membres. Dans les deux cas, la porte ne s'ouvrira que pour laisser passer le Messie. Dans le cas de Jean-Baptiste, il n'y a pas de portes ou des portes qui ne s'ouvrent pas, comme pour Marie et Joseph, qui ont trouvé porte close lorsqu'ils cherchaient un abri. Au cénacle à la Pentecôte, les apôtres prient les portes closes, ils sont réunis mais non recueillis, les portes sont fermées. La troisième porte est la porte du ciel qui s'ouvre pour le Messie pour sa venue au monde et sa présence qui se signale (baptême par Jean, une voix se fait entendre venant du ciel). La troisième porte est celle des songes aussi (échelle de Jacob). Les portes fermées parfois ne doivent pas s'ouvrir, comme celles marquées du sang d'un agneau pour épargner les premiers nés, les sauver de l'ange exterminateur (exode). L'époux qui frappe à la porte, et le voleur qui ne rentre pas par la porte, sont là pour signifier qu'il faut veiller et s'efforcer d'entrer par la « porte étroite », ouvrir quand on frappe, et parfois ne pas ouvrir, savoir que le voleur peut pénétrer sans passer par la porte.

Ainsi on peut :

- Porter sa croix sans suivre le Christ, sans chercher la porte ou en se trompant de porte, ou bien trouver la porte et ne pas frapper, marcher, frapper à toutes les portes pour ne pas prier, de même qu'il faut frapper et demander, il faut aussi « implorer son Père dans le secret » à la porte du ciel et ne pas seulement frapper aux portes de la terre.

- On peut suivre le Christ sans porter sa croix, trouver la bonne porte sans frapper, ne pas faire les démarches nécessaires avec la prudence et le courage nécessaires, craindre de frapper aux portes, frapper imprudemment à toutes les portes, ne pas prier ou prier sans marcher, implorer le Père et ne rien faire pour que son règne vienne.

- On peut, enfin, suivre le Christ ET porter sa croix. Les portes qui s'ouvrent sont aussi comme les sens qui s'ouvrent sur l'extérieur, le Christ guérit les sourds en bouchant leurs oreilles, les aveugles, en leur mettant de la boue et de la salive (ephata « ouvre-toi »).

Le Christ recolle l'oreille d'un soldat lors de sa propre arrestation. On peut suivre le Christ sans porter sa croix, lorsqu'on prie sans marcher, sans, si c'est nécessaire, s'abandonner. Le Christ implore son Père au Calvaire et son Père ne répond pas, le Christ dit aussi de « prier son Père dans le secret ». Il faut « chercher » car on n'a jamais fini de « trouver », chercher la bonne porte, pour cela, il ne faut pas frapper à toutes les portes, seulement à celles qui peut-être seraient susceptibles de s'ouvrir, de plus, comme on ne sait quelle est la bonne, en frappant à toutes, elles peuvent toutes rester fermées, celle de notre Père du ciel est toujours ouverte même s'il semble sourd à nos appels.

Les portes peuvent aussi toutes s'ouvrir, comme dans les foules, sans que l'on reçoive aucune réponse. Si la porte s'ouvre, on ne reçoit pas toujours ce qu'on attend, et si la porte reste fermée, on ne peut rien demander. Toutefois, si à son Père du ciel on demande de bonnes choses, il nous les accordera, est-il dit dans l'Écriture. Ainsi, il faut s'attendre parfois à un refus, ou à recevoir ce qu'on ne demandait pas ou à ne recevoir aucune réponse (porte fermée).

« Qui veut gagner sa vie la perdra » dit le Christ.

Ceux qui n'ont pas la foi attendent tout « ici-bas », et attendent tout « d'ici-bas ». Ils n'attendent pas d'aide extérieure à celle de ce monde-ci. La perspective d'une issue d'une « porte ouvrant sur un autre monde » est un poids et pas nécessairement une source de réjouissances, même si saint Paul nous dit d'être toujours dans la joie et de rendre compte de l'espérance qui est en nous. Croire, c'est à la fois « le fardeau léger » et la « croix à porter », cela peut être léger et lourd, léger, s'il s'agit de s'abandonner par un acte de renoncement, lourd, pour porter toujours sa croix, jusqu'à un « point certain » et non jusqu'à un « certain point ».

Le Christ ne s'est pas contenté de porter sa croix au sommet du Calvaire, il a renoncé à toutes ses prérogatives de Christ Roi pour être seulement fils du Père et obéissant jusqu'à la mort. Il est peut-être plus facile de vivre sans croire en luttant au jour le jour pour les biens terrestres, du moins pensent ainsi ceux qui espèrent être récompensés ici-bas.

L'Évangile nous indique simplement de prendre sa croix sans chercher à en tirer avantage. La foi peut être source de joie et nous attriste en nous faisant penser que les choses d'ici-bas ne sont pas la plénitude de l'achèvement, mais trouvent leur achèvement ailleurs, tandis qu'il nous est demandé de vivre dans l'attente et l'espérance.

« Mon fardeau est léger » nous dit le Christ, cela concerne ceux qui se sentent accablés et ne savent plus que faire, ceux qui n'ont jamais eu l'idée de se tourner vers Lui.

Le fardeau peut être aussi lourd, « qui ne prend pas sa croix pour me suivre n'est pas digne de moi ». Il y a des croix que le Seigneur ôte, des croix que le Seigneur porte à notre place (comme la brebis qu'il porte sur ses épaules), des croix d'amour qu'il impose, mais nous avons été aimés par Lui les premiers, des croix douloureuses par lesquelles on revit par participation le mystère de sa Passion, des croix d'amour par lesquelles Il nous ravit comme en un mystère joyeux, ou un mystère d'enfance.

La croix peut devenir trop lourde parce qu'on est fatigué ou elle nous semble trop lourde parce qu'elle l'est réellement, auquel cas, le Seigneur nous aide ou nous laisse dans l'obscurité. Les « mystères joyeux » sont des invitations du Christ où dans l'allégresse il nous invite à pénétrer sous le porche, à entrer davantage dans son mystère.

Mystère joyeux qui, à travers des passages obscurs et douloureux, s'ouvre sur le Ciel.

CROIX ET SACRIFICE

On peut à l'infini « faire des croix sur des croix », supprimer la peine de la peine, le sacrifice du sacrifice, comme Abraham fit d'abord en esprit le sacrifice de son fils et comme le Seigneur lui demanda de renoncer à ce sacrifice propitiatoire et élevé en vue d'un sacrifice plus humble d'un bûcher avec un bélier.

Ainsi, on peut faire le sacrifice de la joie.

On peut faire le sacrifice de la peine.

On peut supprimer la douleur en supprimant les efforts.

On ne trouve pas nécessairement la croix à aimer.

Les béatitudes ont été écrites pour ceux qui se sacrifient et ceux qui sont sacrifiés en partie.

Il y a ceux qui sont condamnés par l'amour, l'ancien testament est empli d'histoires de ceux qui sont enchaînés par l'amour, et parfois condamnés ainsi, le nouveau testament aussi : Marie-Madeleine, Job condamné en quelque sorte sur son tas de fumier à toujours implorer Dieu, son seul recours, Ruth.

Il y a ceux qui vivent l'amour comme une condamnation, devant aimer pour compter, et compter pour être aimé. Et cependant, ils comptent en un certain sens, ce sont tous les malheureux de l'Évangile.

Enfin, les condamnés pour l'amour, ceux qui aiment sans compter, et sans se compter, ils n'attendent rien et trouvent leur joie dans l'espérance d'un autre monde, pour plus tard.

Les condamnés pour l'amour, Lazare meurt, les autres ont tissé des liens au-dessus de sa tête, mais il va au ciel.

On peut, dans l'Écriture :

- aimer pour compter (ceci venant comme une sorte de récompense),
- aimer sans compter (lorsqu'on déborde d'amour pour son prochain),
- aimer sans être compté enfin.

La Samaritaine a eu cinq maris et pourtant elle n'en a aucun quand le Christ la rencontre près du puits. Elle puise, elle puise, et le Seigneur va lui offrir l'eau vive pour « ne plus puiser ».

Le Christ a été, en un certain sens, aimé durant sa vie terrestre et a eu des ennemis, au moment de la Passion, il ne lui reste plus que ses disciples, il a aimé son Père en lui obéissant jusqu'à la mort, et aimer les hommes jusqu'à donner sa vie pour eux. L'amour du sacrifice a été, en un certain sens, jusqu'au « sacrifice de l'amour », il aurait pu être aimé davantage, être PORTÉ EN TRIOMPHE pour ses miracles, adoré, adulé, et cela TOUT LE TEMPS, il a préféré obéir à son Père pour conduire les égarés à son Père, et pour les conduire à la foi, non seulement en un monde meilleur, comme il nous dit de nous aimer, mais en quelque chose qui dépasse les contingences et le monde d'ici-bas, en la foi en un autre monde.

Dans le monde humain, il y a l'amour de justice qui rend, répare, l'amour du Christ est quelque chose qui ne rassasie pas, et qui fait EN MÊME TEMPS qu'on n'a plus jamais faim, les deux choses coexistent. On peut sur terre aimer par esprit de sacrifice et se sacrifier par amour, auquel cas, on ne mesure pas le sacrifice.

Le sacrifice est à la fois partage et multiplication, il multiplie les peines pour partager les joies, il multiplie les joies pour partager les peines, tout sacrifice est communion.

MISÉRICORDE ET JUSTICE

L'âme double des pharisiens qui sont en APPARENCE parfaits, ne se mettent pas en colère, suivent la loi à lettre, qu'en penser par rapport à ce que Jésus dit : « c'est la miséricorde que je veux et non le sacrifice », la miséricorde fait plus que pardonner. Elle est plus et autre que la justice, mais n'est pas sans supposer la justice.

Au sens étroit, on peut acheter son salut en additionnant les sacrifices et sans amour au bout du COMPTE en conservant une « âme double », il n'y a alors plus qu'une apparence de justice, le jeune homme riche a observé la loi dans tous ses détails, mais ayant agi sans amour, il est triste.

Les pharisiens sont « sages » et tristes, « sépulcres blanchis » dit l'Écriture, sages comme des tombes. Ils disent non, tout ce qu'ils savent, avec un INDÉFINI, une SUSPENSION ENSUITE, un temps d'arrêt après lequel ils se tairaient, ne SAURAIENT plus, non ce que l'on doit faire, ils savent tout. Ils savent toujours en toute situation tout ce que l'on doit faire, et respectent la loi à la lettre, ils sont sans reproche, ils ont des « scrupules » à dire du mal, ainsi du Christ, ils « ne disent pas du mal », ils lui font juste observer que certains points dans sa conduite ou dans ses paroles ne sont pas conformes à ce que l'on DOIT DIRE et FAIRE. Eux-mêmes se sentent justes, c'est une apparence de justice, extérieurement, les règles sont appliquées.

Or, c'est « du cœur que viennent les mauvaises pensées » (2061), ainsi, ils lavent l'extérieur de la coupe seulement. Les pensées mauvaises « étouffées » dans l'œuf restent. Les enfants aiment ou n'aiment pas, immédiatement, sans calcul. Se faire miséricorde les uns aux autres, cela peut donc être dans un premier temps « laver la coupe », dire le mal et dire du mal, dans un deuxième temps, laver l'intérieur de la coupe pour la remplir comme un calice une fois qu'elle a été vidée de toutes nos amertumes et de toutes les choses qui ne « passent » pas.

Quand Jésus dit : « c'est la miséricorde que je veux et non le sacrifice », il faut voir que sa miséricorde ne fait pas toujours l'économie de la colère ou d'un sermon (Mathieu chap. 10, 11, 12). Le sacrifice, lui, fait l'économie de la colère, cependant, on ne « s'emporte » pas et le Christ lui-même ne s'emporte pas jusqu'à un « CERTAIN POINT », on supporte par le sacrifice, puis on s'emporte, à moins que ce ne soit le contraire, que l'on commence par S'EMPORTER pour ensuite SUPPORTER avec patience et effort.

Le Christ supporte, puis s'emporte, puis lors de sa Passion, supporte encore tout seul.

Il supporte l'incrédulité, les moqueries, les critiques, il supporte de voir le péché, le mal, et s'emporte aussi contre le péché, contre les pharisiens, il y a un temps où il supporte en s'exprimant, en exprimant sa douleur, et un temps, celui de sa Passion, où il supporte en silence, même SANS son Père qui à cet instant ne lui est d'aucun soutien et se fait absent.

Par un mouvement naturel, et successivement, on supporte, on emporte, on s'emporte. On emporte ce que l'on a supporté et on s'emporte quand la coupe déborde APRÈS que l'on ait « emporté ce qu'on a supporté ». Le mouvement, tout aussi naturellement, peut s'enchaîner en sens inverse, s'emporter, ce qui fait que l'on prend conscience que l'on doit emporter, et enfin une fois les choses emportées, supporter. C'est peut-être en ce sens que le Christ parle d'un joug à la fois léger et lourd aussi (« celui qui ne prend pas sa croix et ne me suit pas n'est pas digne de moi » dit-il). Le Christ, pendant sa vie publique, est enthousiaste, il s'empresse auprès des autres, il se rend « célèbre » par ses miracles, il l'emporte, il est donc porté et emporté à cette période, puis il supporte sa Passion et sa Croix. Il y a donc toujours un mouvement humain vital qui nous saisit (on naît en poussant un cri) dont on se saisit (lorsqu'on tempère le premier mouvement), tantôt on « est saisi » (être saisi de peur), tantôt on se « dessaisit de soi-même » dans le don et l'abandon.

On voit l'hémoroïsse qui saisit un pan du manteau du Christ. Tous ceux qui sont saisis par le Christ, nombreux, que ce soit au moment d'un miracle, d'une apparition, d'une résurrection, ou lorsqu'ils sentent une force émaner de Lui.

Lorsque l'on est dessaisi de soi-même, c'est comme en un mystère et le mystère nous échappe, nous sommes dans l'obscurité, on ne sait pas si l'on « est » dessaisi ou si l'on se dessaisit, mais l'on sent le SAISISSEMENT.

Impression de saisissement qu'en un autre sens ont pu éprouver les témoins de ses miracles ou de ses apparitions.

La miséricorde peut supposer le sacrifice d'un cœur circoncis dans un mouvement qui englobe la justice même. Et non le sacrifice au sens de simple comptabilité qui « ajoute », sans « avancer », « marcher » vers un autre point. Le sacrifice comme comptabilité referme le cœur sur lui-même, jusqu'au moment où on ne PEUT PLUS COMPTER, c'est ce point justement que les pharisiens ne veulent pas atteindre et dépasser. Le sacrifice du cœur circoncis est le sacrifice du cœur ouvert qui « n'arrive » pas encore, ainsi on est dans une marche, pour arriver, mais on N'ARRIVE PAS ENCORE, cependant, avec le Christ, on DOIT ARRIVER, ou Il doit arriver.

Ce cœur qui souffre après s'être ouvert, et souffre après s'être fermé, ne se contente pas de s'épancher ou de retenir en se fermant ou de s'épancher en s'ouvrant, il fait alternativement toujours des mouvements, s'ouvrir et se fermer.

Le cœur du Christ ayant additionné les sacrifices se trouve toujours aussi pauvre, c'est une « coupe » qui s'épanche, comme Marie-Madeleine a versé son parfum, le cœur du Christ épanché souffre de s'être épanché et il se ferme, « coupe ».

La « coupe » elle-même doit « se couper », au sens où, dans l'Évangile, nous jeûnerons, quand l'époux sera parti.

On peut à la fois réserver la coupe, ne pas la réserver. Les petits enfants ne mettent pas de côté une « coupe » pour la boire plus tard. Aussi l'Évangile dit : « c'est du trop plein du cœur que la bouche parle » (2003), c'est-à-dire une coupe qui déborde. On peut remplir la coupe, donc la réserver pour plus tard, boire, ou en la remplissant, la faire déborder, Mais elle ne restera jamais qu'une coupe, c'est-à-dire qu'on ne pourra pas, pour faire des réserves, remplir plusieurs coupes, et si on remplit la sienne trop ou si les autres la remplissent trop, elle déborde sans qu'on puisse rien y changer. Si l'on ne met pas de côté la coupe pour boire quand on aura soif, le temps peut passer, on peut avoir soif, comme on peut ne pas avoir soif, rien n'est sûr. Le Christ sur la croix a eu soif, il n'avait plus « RIEN DE CÔTÉ ».

Cela rejoint la parabole du propriétaire qui amasse dans ses greniers, les pharisiens, et dont le Seigneur redemande la vie à l'improviste. Les pharisiens, eux, ne sont pas ceux qui seulement font des sacrifices mais ceux qui accumulent les sacrifices inscrits dans la loi, et ont déterminé une fois pour toutes le nombre de sacrifice à faire, ceux qui ont l'intelligence et croient pouvoir se procurer le royaume de Dieu « caché aux sages et aux savants et révélé aux tout petits », ceux-là ne reçoivent pas le royaume de Dieu comme un cadeau, mais croient pouvoir l'acheter. Ils sont sûrs, tout, selon eux, leur a été révélé et ils vivent en même temps dans la prudence, la crainte de perdre ce qu'ils ont, c'est comme si à Cana on avait « prudemment » versé le vin en se disant dès le départ qu'il y en avait peu. En ce cas, ceux qui organisaient la noce auraient agi en pharisiens en pensant que si les gens buvaient moins il y en aurait jusqu'à la fin du repas. Ils n'auraient pas pensé à une intervention miraculeuse du Christ. Au lieu de cela, les organisateurs de la noce ont agi en enfants en versant le vin à flots dès le début de la noce, le Christ lui-même n'a pas versé son Sang petit à petit, mais d'un coup lors de sa Passion. De même, les foules qui Le suivent lorsqu'il prêche se conduisent comme des enfants, elles Le suivent trois jours sans rien emporter à manger, c'est pour CELA, parce qu'elles se conduisent en « enfant », que Jésus fait le miracle de la multiplication des pains. Ainsi, il est prudent d'observer la loi, mais la prudence peut être hypocrite en d'autres cas, les sacrifices peuvent se faire par amour, et non par comptabilité.

De même, on peut s'abstenir de participer au banquet eucharistique par amour si on désire vraiment s'y préparer et entrer avec « l'habit de noce » dont parle l'Écriture.

Les foules ne pensent pas à manger, Jésus y pensera pour elles. Il n'aura pas le courage de les renvoyer à jeun. Jésus aussi jeûne pour se préparer à boire la coupe que son Père a préparée pour Lui. Il jeûne aussi en buvant des coupes qu'il ne désire pas boire.

SACRIFICE ET ÉDIFICE

Cela se construit par étapes : bûcher de sacrifice, sacrifice du bûcher.

Après avoir ramassé le bois mort, ce qui demande de la peine, on construit le bûcher même de TELLE SORTE QU'IL NE RESTE PLUS TRACE DU SACRIFICE EFFECTIF QUI A EU LIEU, ON SACRIFIE LE SACRIFICE LUI-MÊME.

On le sacrifie au sens réel, en lui déniant sa valeur de souffrance en passant sur la souffrance, comme si elle n'était rien, en passant à AUTRE CHOSE. C'est comme une seconde mort, après la première, celle qui aboutissait à la construction du bûcher, par la somme des sacrifices, ici, cette « somme des sacrifices » devient « rien ».

Ainsi, l'esprit de sacrifice va chez le Christ jusqu'au sacrifice de l'esprit.

À l'homme, le bûcher de sacrifices et le sacrifice du bûcher peuvent être demandés symboliquement, mais pas de façon ordinaire, sinon que l'on puisse dire que la mort est pour chacun un « sacrifice de bûcher », un anéantissement de tous les efforts pour survivre, une prise de conscience de la valeur nulle au bout du compte de tous les efforts, de tout ce qu'il a fait et produit. Cependant, par ce sacrifice du bûcher symbolique ou réel, la porte s'ouvre. À l'homme, le bûcher de sacrifices et le sacrifice du bûcher sont demandés effectivement et symboliquement pour que la porte s'ouvre et que le ciel soit miséricordieux, de même, c'est après avoir frappé à de nombreuses portes et longtemps frappé à la même porte, la bonne, que celle-ci va s'ouvrir. Par la nouvelle Alliance nous est demandé juste de construire le bûcher et non d'aller jusqu'à le sacrifier, « celui qui ne prend pas sa croix pour me suivre… » dit le Christ, et aussi « mon joug est aisé et mon fardeau léger », puisque nous ne sommes pas seuls.

Il ne s'agit plus comme dans l'ancienne loi d'aller jusqu'à « se renier » soi-même en édifiant des sacrifices puis en sacrifiant l'édifice. Il faut bien comprendre que SUPPRIMER et SOUSTRAIRE ici sont différents, il ne s'agit pas de « soustraire un sacrifice », mais de le supprimer, c'est-à-dire de SACRIFIER LE SACRIFICE en allant au-delà du sacrifice et non dans le sens de vouloir le soustraire en un COMPTE, ici, c'est le compte qu'on supprime, le bûcher n'a pas été fait et défait, mais ce qu'Abraham a sacrifié n'est pas ce qu'il pensait sacrifier.

Tout ainsi prend une valeur positive, parfois contre l'apparence. Car celui qui fait le sacrifice du sacrifice n'a plus rien en mains, il ne lui reste même pas la valeur du sacrifice, il va, par rapport à cette action, aussi loin qu'il est possible d'aller de la façon la plus extrême.

Cependant, pour Abraham qui construit son bûcher, il n'est pas requis finalement le sacrifice d'Isaac, quoiqu'il ait été demandé au départ, et ceci dans la mesure où Abraham sacrifiait l'édifice, obéissait. Dieu arrête sa main À LA FIN, donc Abraham sacrifie l'édifice du bûcher symboliquement, seulement avec un bélier. Il n'est pas le Père qui peut « sacrifier son Fils ». En fait, avec la croix, le Christ s'offre lui-même à la fois par obéissance au Père et par amour pour les hommes et pour leur rachat, le Père l'envoie, par Lui, il étend sa miséricorde aux hommes pécheurs : « je prends plaisir à la miséricorde et non aux sacrifices » (alors pourquoi mourir ? doit-il se dire), tout ce qu'il vit sur terre, acquiert une valeur positive par le sacrifice de la somme (mais pourquoi mourir POUR RIEN, mourir pour ne pas mourir ? doit-il se dire puisqu'il sait qu'il va ressusciter). En ce sens, il fait le sacrifice de son esprit, il doit donner sa Vie, mais sait qu'il va ressusciter sachant qu'il ne mourra pas, il doit la donner pour « un rien », alors pourquoi la donner ? Il se tourne vers son Père et lui dit : « pourquoi m'as-tu abandonné ? »

La somme des sacrifices acquiert une valeur positive par le sacrifice de la somme, et non la suppression du sacrifice, en mourant, il ne meurt pas « réellement », pour ainsi dire, il ressuscite trois jours après. Si cela avait été la suppression de la somme (il aurait donné sa vie, point final, on y aurait pensé, puis plus, or, il doit donner sa vie, mais pourquoi, puisqu'il meurt sans mourir ?) Il serait simplement mort, non ressuscité, on l'aurait oublié, ou si cela avait été la suppression du sacrifice, au sens de reculer devant la croix et le supplice, cela aurait été comme s'il était mort, n'ayant pas tenu sa promesse.

Il y a donc un mystère du sacrifice, comme pour la parabole où la veuve met dans le tronc tout ce qu'elle a pour vivre et non de ce qu'elle possède, en se réservant une part. Avec la suppression du sacrifice, on ne se réserve rien pour le lendemain, dans tous les sens du terme, on ne se réserve même pas de renaître, ou ne se réserve ni la peine ni la joie du sacrifice accompli ou pour lequel on recevrait de la reconnaissance, on ne se réserve pas de renaître.

Ce « lendemain », on l'attend du Seigneur. Le Seigneur a sacrifié son esprit, au sens où il pouvait sauver les hommes sans mourir, et il est sauvé en mourant et ne mourant pas, donc pourquoi mourir ?

Ainsi, on peut dire : tracer des croix, trier des joies et des peines, joie du sacrifice accompli, peine du sacrifice à accomplir. Mais on trace des croix, en donnant sa croix au Christ (qui nous en donne une autre qui peut être de paix et de joie) et en prenant la croix du Christ.

En sacrifiant le sacrifice, on sacrifie tout, mais on N'EST MÊME PLUS CELUI QUI A SACRIFIÉ LE SACRIFICE, puisqu'il n'en reste pas trace. Sont supprimés à la fois le courage et le découragement, la joie et la peine.

Il s'agit donc d'une désapprobation complète de tout, avec sa dialectique, et une certaine complaisance parfois peut entraîner où l'esprit de sacrifice va jusqu'au sacrifice de l'esprit comme le Christ remet son esprit aux mains de son Père, il nous demande de Le suivre parfois sans raisonnements. La loi de la nouvelle alliance, « je mettrai en vous un esprit nouveau », la nouvelle loi est une loi d'amour et non de combat pour remporter la victoire annoncée au baptême du Christ par ces paroles : « celui-ci est mon Fils bien-aimé en qui j'ai mis tout mon amour ».

Loi d'amour que l'on reconnaît en suivant le Christ pas à pas, qui nous porte dans nos moments de faiblesse, et nous donne sa croix à porter quand nous sommes plus forts. Le sacrifice du Christ a été parfait car il a été non selon son esprit, mais selon celui de son Père.

« Père, non ce que je veux, mais ce que tu veux », du fait de sa condition charnelle et de sa condition divine, il ne pouvait pas désirer cette mort.

Du fait du paradoxe de sa condition charnelle et divine, la mort a été le sacrifice du Christ.

Quand on recule devant un sacrifice, on donne sa croix à Jésus qui nous donne la sienne propre pour nous consoler et nous réconforter, nous faire patienter et attendre le temps où nous serons plus courageux ou patienter une issue.

Ce temps est un temps de consolation et de baume pour un cœur où on espère recevoir la force de se remettre en marche. Dans l'aridité de l'effort, il nous semble parfois que le Christ nous laisse seuls gravir la montagne, à moins que l'on oublie, parce qu'on y parvient, qu'Il est à nos côtés.

On peut accepter en supprimant la peine du sacrifice ou en supprimant la joie du sacrifice, on peut refuser en supprimant la peine du sacrifice ou en supprimant la joie du sacrifice, de porter sa croix.

Car soustraire la peine ne signifie pas trouver la joie, la joie est un surplus, elle déborde, en supprimant joies et peines, on supprime la croix.

La Croix peut nous apparaître « triomphante et montrée » quand on marche dans l'espérance et la joie et aussi la lumière, elle peut ÊTRE triomphante et douloureuse mais ALORS CACHÉE.

Pourquoi ne voit-on jamais le visage douloureux du Christ dans ces cas-là ? Cela reste un mystère.

La joie est nécessairement attachée au sacrifice, car attachée d'abord à la peine et donc tachée du sang du Christ, la joie nous délivre parfois de nos peines pour nous attacher à la croix.

La joie « advient » sans qu'on la cherche, elle est la manifestation dans nos vies de la présence du Christ, rachetant notre sang et nos peines, notre impuissance. La joie, lorsqu'elle nous envahit, est une chose à laquelle on ne peut se soustraire, alors qu'on peut se soustraire parfois à la peine. On ne peut s'y soustraire quand elle vient, mais nous ne l'identifions pas toujours comme du Christ mais de quelque chose de visible et concret.

Elle est en nous, sans naître en nous à un moment donné, elle est comme une parabole, un passage, le passage de la porte dans ce « passage » de la porte étroite que beaucoup ne trouvent pas car « large est le chemin de la perdition ».

Il y a un échange, en frappant à une porte si la porte s'ouvre, on s'adresse des paroles, on partage des paroles, mais ce partage n'est pas toujours un « échange », le partage est une mise en commun de mots ou de choses, mais le partage n'est pas toujours un échange alors que l'échange est un cœur à cœur. Le moment du « passage », ce peut être aussi un échange de lumière, ou si on ne les échange pas, deux lumières restant sur le même seuil.

Ce peut être un échange de lumière ou le don de l'un à l'autre de sa lumière, le partage n'est qu'une parole, l'échange est une parabole.

La parole ne se voit pas mais s'entend, ainsi, la parole sur le seuil du passage s'entend mais ne se voit pas toujours, on la voit s'il y a échange seulement comme « la lumière du monde que personne n'a reçue », pour VOIR la parole, il faut la SAISIR dans tous les sens du terme, la saisir non seulement dans le sens littéral proprement dit, mais comme quelque chose de concret qui entre dans nos vies, comme une source de vie, immédiatement. Il faut la saisir comme un « pan », le pan d'un habit, ou comme le Christ, l'hémoroïsse qui touche le pan du manteau du Christ, ainsi, la parole est à saisir dans l'obscurité.

Ainsi, la voie de la naissance est la naissance de la voix, en passant de l'obscurité à la lumière, en ce sens, si le Christ dit qu'il est « le chemin, la Vérité la Vie », c'est que ces trois formes recouvrent la même réalité dans la simultanéité, il n'y a pas de distance entre le temps de la parole et le temps de l'action (création du monde : « et Dieu fit la lumière »).

Pour l'être humain, il y a un décalage entre les deux, mais la mise en action de la parole est le passage, les paroles ne sont que le partage, « qu'êtes-vous allés voir, un roseau agité par le vent ? ». Le Christ a les paroles « de la Vie éternelle », qui passe par Lui recevra la Vie éternelle, la Vérité est le chemin.

Parfois le passage est barré dans l'Écriture (ânesse de Balaam).

Il y a :

- ceux qui viennent à la lumière,
- ceux qui sont des lumières,

- ceux qui cherchent la lumière,
- ceux qui sont en lumière.

Ce sont les quatre étapes de la parabole du passage de l'échange, ou l'un et l'autre se rencontrent, se parlent ou ne se parlent pas, ceux qui SONT des lumières et ceux qui CHERCHENT la lumière. Parfois, tous deux sont en lumière sans toutefois s'éclairer l'un l'autre, ils sont éclairés par une troisième source, la lumière du jour par exemple, ainsi, chacun peut voir sans voir clair.

Ceux qui sont des lumières et éclairent les autres ne savent pas parfois eux-mêmes qu'ils éclairent, ainsi, dans l'échange le cœur à cœur qui va plus profondément, au-delà des mots.

La lumière comme l'obscurité, peuvent nous départager ou nous confondre.

La Croix est aussi une « porte », et elle peut être « à porter ».

Le Christ tombe trois fois, il doit la porter pour mourir et ressusciter.

Les sourds peuvent ne pas entendre, frapper, ainsi le Christ qui semble ne pas toujours entendre d'abord notre prière, l'ami importun, la veuve qui vient importuner le juge obtient justice, le Christ dit aussi que la « porte est étroite » et « large est le chemin de la perdition ».

Le Christ s'adresse aux sourds, à la foule, il prêche en paraboles, c'est-à-dire par images, les images sont des détours pour faire comprendre quelque chose, ils entendent mais ne comprennent pas, peut-être, peut-être se disent-ils seulement qu'il parle bien, ils s'enthousiasment pour Lui. Des voix ouvertes non barrées sont barrées (Balaam) au dernier moment. Le Christ lui-même passe par le désert, c'est dans le désert qu'il se dépouille, devant la foule, il prêche, il est acclamé, loué, admiré, comme aux Rameaux, à ce moment de sa vie publique, c'est encore un cœur surchargé, non dépouillé, chargé d'ovations et de branches. Petit à petit, avec sa Passion, il se dépouille, c'est paradoxalement au jardin des oliviers que son cœur sera totalement dépouillé, il se dépouillera progressivement de ce qui, à un moment donné, est une « croix triomphante » faite de succès auprès des autres, il se dépouillera même de la croix qu'il a choisie, rechercher les brebis perdues, prêcher et parler de son Père. Pour finir, il s'adressera à son Père pour lui dire : « non ce que je veux mais ce que tu veux » et « s'il est possible que cette coupe s'éloigne de moi », on lui vole sa croix, on fouille son cœur, on vole le bois de la croix, et on l'arrête dans un bois, le dépouillement est comme un automne, les feuilles tombent, le Christ est abandonné de tous, livré aux soldats qui s'en moquent, il n'a plus que son Père à implorer dans le secret, il a froid, il est seul. Ainsi le Seigneur est la lumière du monde mais aussi les ténèbres à certains moments.

LE DÉSERT ET LA FOULE

On peut opposer à l'isolement de la foule, le recueillement du désert.

La foule ne fait que ressembler au désert, composée de sourds, la foule est le rassemblement des sourds ou le rassemblement assourdissant. C'est pourquoi la voix de Jean-Baptiste est une voix qui crie dans le désert, c'est une image pour dire qu'il s'adresse à des sourds, et aussi une autre figure, il parle dans le désert parce que là, peut-être, on va l'entendre, car dans le désert, il y a peu de monde, dans le désert, les « personnes isolées » tendent l'oreille au moindre souffle ou appel. Le fait de tendre l'oreille n'est pas celui de la foule. Le désert, en un sens, est propice au recueillement, mais non à l'isolement. Dans le désert, on crie pour appeler, dans la foule, on peut crier ou parler tout bas, on ne vous entend à aucun niveau, le désert est propice au recueillement, mais non à l'isolement, car il y a « passage d'air », l'isolement suppose quelque chose d'hermétique, de clos, les apôtres au cénacle sont isolés, enfermés, ils prient, ils sont réunis mais pas recueillis. Dans le désert, ont lieu aussi les tentations (tentations du Christ), le désert peut être une étape, un passage, comme la traversée du désert par Moïse et les Hébreux. Le désert est le lieu de la tentation, tentation de « voir quelque chose », là où il n'y a rien (que cela sorte de l'ordinaire), à moins que ce ne soit de voir quelque chose ou quelqu'un qui sorte de l'ordinaire. Cette deuxième figure, « voir quelque chose ou quelqu'un qui sorte de l'ordinaire » est le propre de la foule. Où l'on voit à perte de vue, on ne peut donc désirer « voir », on voit le rien qui est tout.

Le désert organise le silence et le recueillement à travers le passage de l'air, alors que la foule compacte et hermétique ne laisse rien passer, sauf les courants de passion.

On dit bien dans l'Écriture qu'Élie d'abord ne reconnut pas Dieu dans le passage de l'ouragan, mais le bruit d'une brise fine à l'entrée de la grotte. Ainsi, le frémissement des choses de la terre organise le recueillement, et les apôtres sont au cénacle toutes portes fermées, tout à coup un vent violent, les portes ne sont pas seulement ouvertes ou fermées mais des lieux de passage. L'Écriture dit : « frappez et on vous ouvrira », la porte du ciel est le passage de l'air, le ciel s'ouvre pour le baptême de Jésus, Jésus guérit des sourds en leur bouchant les oreilles. Dans la foule, les sourds sont ceux qui vivent l'isolement hermétique ou le soulèvement passionnel. Pour Moïse, paradoxalement, c'est une foule qui passe dans le désert vers la terre promise. Les portes marquées du sang d'un agneau, dans l'exode, sont celles qui sont désignées pour que l'ange exterminateur ne s'y arrête. Ces portes qui ne s'ouvrent pas signifient que les nouveau-nés échapperont à la mort. Un ange par contre vient « ouvrir » la prison de Paul, l'arche de Noé est une arche que Dieu fait fermer pour affronter le déluge. Élie se brise la nuque en tombant contre un élément de porte. Lot, ayant franchi les portes de la ville, ne doit pas se retourner.

Ainsi des portes sont gardées, fermées, d'autres peuvent s'ouvrir, d'autres sont ouvertes carrément.

LE TRÉSOR CACHÉ

Le Christ est venu comme un « trésor caché », il est né enfoui comme le grain de sénevé de la parabole devenu un grand arbre. Il est venu comme un « trésor caché » au fond d'une étable, une lumière que les hommes n'ont pas accueillie.

Ce trésor, on le reçoit avec la vie sans en avoir connaissance. Cette vie, il la partage avec ses contemporains, d'abord à Nazareth dans le « secret » ou rien ne le distingue des autres, à part l'épisode du temple, lorsque ses parents l'ont cherché pendant trois jours. Il partage les fruits de la terre avec les autres, il n'hésite pas, dès le début de sa vie publique, à s'attabler aux repas de noces, ou avec les pécheurs et les publicains, il multiplie à Cana le vin de noces, il en boit lorsqu'il se met à table avec les autres, les autres disent : « Jean est venu mais il a un démon, Jean est venu ne mangeant ni ne buvant… le Fils de l'homme est venu mais c'est un buveur et un glouton ». Il faut noter aussi qu'ailleurs il dit : « je ne boirai plus de ce produit de la vigne jusqu'à ce que nous soyons dans le royaume des cieux. »

Il pense donc ne plus boire de ce produit de la vigne, malgré cette affirmation, il dira au jardin des oliviers à son Père : « mon Père, s'il est possible que cette coupe passe loin de moi, cependant non pas comme je veux mais comme tu veux ». Donc cette coupe qu'il buvait avec joie au début de sa vie publique, il voudrait bien qu'elle s'éloigne. Enfin, il doit boire dans le royaume des cieux la coupe comme il l'a dit, avec ses disciples. Il accuse par ailleurs les pharisiens de laver seulement l'extérieur de la coupe. L'extérieur des choses, c'est leur enveloppe, leur apparence, l'intérieur, c'est le cœur, c'est du cœur que procèdent les mauvaises pensées. Ce qui entre dans l'homme est bon, ce qui en sort, mauvais. Nous sommes, nous, des enveloppes avec un extérieur et un intérieur, et l'intérieur n'est pas toujours clair, parfois trouble à nos propres yeux, il n'y a que pour le Seigneur que nous sommes « transparents », là où l'extérieur et l'intérieur se rencontrent (Job : « tu m'as sondé dès le sein de ma mère », etc.)

Si les pharisiens lavent l'extérieur de la coupe, ils se lavent aussi les mains, Pilate aussi se lave les mains lors du procès, l'extérieur est donc propre, mais cette coupe qui est enveloppe, qui vaut autrement dit par elle-même comme objet au besoin décoratif, est aussi une coupe pour contenir, du vin en particulier, elle enveloppe le vin et elle est enveloppe, la bouche aussi qui le boit « enveloppe » le vin, c'est pourquoi le Vin multiplié et divisé de plusieurs façons deviendra le Sang du Christ offert pour la multitude, l'enveloppe devient transparente, ce n'est plus le Christ qui seulement de l'intérieur de son cœur répand son Amour sur les hommes, il ne se contente plus d'offrir, il s'offre sur la croix. L'enveloppe qu'était le Christ, dans son humanité sur terre, avec un esprit divin, dans sa condition terrestre comme coupe, d'où surgissent de « bonnes choses », son cœur source d'amour, son autorité pour guérir, commander, conseiller, mettre en garde, prêcher, sa sensibilité aux souffrances des hommes qu'il prend en pitié, l'enveloppe qui était de quelqu'un qui commande et décide, l'enveloppe du « milieu de sa vie », alors qu'il n'est plus le « trésor caché » mais un « trésor montré », cette enveloppe redevient le « trésor caché » à la fin de sa vie.

Au moment où il va mourir, il commence à éprouver tristesse et angoisse, abandonné de tous, « les disciples dorment », Pierre est lâche, Judas l'a trahi, il n'y a plus personne. Alors il redevient le « trésor caché ». Il a déjà dit tout ce qu'il pouvait dire, même au procès, il ne dit pas grand-chose, il n'a plus qu'à obéir aux ordres de son Père mais il se sent faible et triste, il est « redevenu comme un enfant », comme « une brebis qu'on mène à l'abattoir ».

Il redevient un « trésor caché » car il a déjà distribué toutes les richesses de son Cœur, il a donné tout ce qu'il pouvait humainement donner, miracles, sermons, guérisons, pardons, paroles, enseignements, il n'a plus que sa vie à donner. À ce moment, il n'a plus de trésor caché, le trésor est MONTRÉ, mais les gens se détournent, veulent voir en Lui un chef, un prophète à admirer, ils ne veulent pas voir qu'il veut uniquement TOURNER LES REGARDS DES AUTRES VERS SON PÈRE (« qui m'a vu a vu le Père »). Le vin qu'il boit, il le multiplie (Cana), le vin, il le partage, il refuse aussi d'en boire à d'autres moments, enfin FINALEMENT, il boit « LA DERNIÈRE COUPE », préparée par son Père. Il en boit donc quand il y en a, du vin, il le multiplie quand il n'y en a pas, il n'en boit pas toujours, et il en boit quand il voudrait ne pas en boire. Cette coupe unique, il y en a très peu, envoyée par son Père, elle lui est réservée.

Le secret peut être un trésor, les disciples sont dans le secret du Maître jusqu'à un certain point, on constate que souvent il leur dit de regagner l'autre rive pendant qu'il s'occupe de la foule, ou alors de regagner l'autre rive pendant qu'il s'éloigne pour prier.

Le trésor, s'il est caché, est-ce encore un trésor? Le trésor dans le champ est un trésor, une fois découvert. Le trésor, on le découvre justement, les disciples rencontrant Jésus ne partent pas à la recherche d'un trésor, Jésus les appelle, seulement, il ne dit pas d'abord : j'ai un trésor pour vous. Le paysan, par hasard, en retournant son champ, découvre un trésor, il ne s'y attendait pas.

Par contre, la veuve qui cherche une drachme, cherche son trésor, elle l'a perdu et elle le retrouve, le négociant lui vend tout ce qu'il possède pour acheter la perle fine. Donc ce trésor lui coûte cher, ou plutôt, on peut dire en un certain sens, qu'il ÉCHANGE un trésor contre un autre, il vend pour acheter.

Le paysan, une fois trouvé le trésor dans son champ, est un peu embarrassé, car que faire d'un tel trésor, il ne lui reste qu'à le cacher à nouveau pour qu'on ne le lui vole pas. Le trésor est donc rarement fait pour être donné, parfois échangé, parfois montré pour être admiré. Ainsi le royaume des cieux est caché aux sages et aux savants. Dieu se révèle aux petits et à ceux qui deviennent comme des enfants, les enfants seuls ne possèdent pas, ils appartiennent en un certain sens à d'autres. Ils doivent être sages mais pas de la sagesse des anciens.

Lorsque le Christ s'offre comme un trésor et ne se contente plus d'offrir ses trésors, il est seul, au jardin des oliviers, il prie son Père dans le secret, sur la croix, il est seul aussi, ce n'est qu'après sa résurrection que les apôtres verront qu'ils ont perdu un trésor. Ils se remémoreront alors tout ce qu'il avait fait et tout ce qu'il avait dit et parleront de ce royaume des cieux caché comme un trésor et laissé en héritage à ceux qui veulent l'accepter et s'en emparer comme les violents dont parle l'Évangile ou comme les doux du sermon des béatitudes. Ce trésor est pour chacun donc quelque chose de différent et cependant, ils peuvent avoir part à ce trésor, les violents arrachent le trésor comme un secret, les doux s'avancent pour saisir fragilement une part du trésor, et parce qu'ils croient à la parole de l'Évangile, ils croient qu'ils y ont droit. Les violents voudraient tout avoir.

Ce trésor est caché, mais comme tout trésor, il sera découvert un jour, tout ce qui est caché sera révélé, cela s'applique aux secrets comme aux trésors.

Si ce trésor n'est pas de ce monde, il faut le chercher dès ce monde. Ainsi, nous sommes dans un champ, mais c'est aussi dans l'autre champ, le champ du royaume des cieux, qu'il faut chercher si l'on veut trouver. Le Christ, pendant sa vie publique, a gaspillé ses trésors (guérisons, conseils, aide, miracles), comme la pécheresse a gaspillé son parfum qui valait un trésor, un trésor qu'il aurait mieux valu donner aux pauvres, disent les disciples, ce à quoi le Christ répond, des pauvres, vous en aurez toujours, mais moi, pas.

En naissant, on naît dans un champ, on n'a pas toujours l'idée de chercher dans l'autre champ, même si nous sommes nés dans ce champ-ci par la volonté de Dieu.

Cet autre champ est immédiatement hors d'atteinte, on ne laboure pas le ciel en apparence, on ne lui fait pas produire de fruit, mais ce champ est la réplique achevée de celui que nous cultivons sur terre, il arrose aussi et fait briller son soleil sur les bons et les méchants. On ne pense pas, enfants, que ce champ soit celui où il faille chercher un trésor puisqu'en apparence, il est hors d'atteinte, et pourtant, c'est bien ce que le Seigneur nous dit : « Cherchez dans l'autre champ », le champ que nous cultivons ici-bas, et que nous avons retourné mille fois sans rien y trouver d'autre que ce que nous attendions, ne nous apportera pas de trésor. Jésus est d'abord le trésor caché, mais on voit comme ce trésor caché deviendra ensuite un trésor montré et offert, un trésor riche qui s'impose par son autorité, sa force, puis il redeviendra un trésor caché sur la croix avant et pendant les jours précédant sa Passion, par la coupe qu'il a dû boire pour nous tous. Enfin, il sera un trésor EXPOSÉ, mais HORS D'ATTEINTE IMMÉDIATE, EXPOSÉ MAIS DÉSIRABLE, le trésor des cieux.

Le Père des cieux a recouvert la terre de ses trésors, il les a offerts, ainsi, les lys des champs ne filent mais ont la plus belle parure, alors que l'habit couvre et cache.

L'Écriture dit : ne vous inquiétez pas de ce dont vous vous vêtirez. Le lys EST sa parure et ne CACHE RIEN. La parure de la terre ne cache pas, elle est un trésor. De même, les habits du Christ ne cachent pas, c'est pourquoi une force s'échappe de ceux qui touchent la frange de son manteau. Car il est vêtu comme la terre de lumière. Le lys est vêtu de mystère, il est à lui-même son propre habit.

Adam et Ève ont besoin de se cacher dans le paradis terrestre. De même que le Père a couvert la terre de ses trésors et que la terre elle-même est un trésor, il offre aussi son Fils mais il ne le LAISSE pas sur la terre, il L'EXPOSE aux yeux des hommes après sa résurrection, comme le désirable, et à aimer comme il nous aime d'amour infini.

Justement, c'est cette ABSENCE qui fait que l'on se LANGUIT, on jeûne lorsque l'époux est absent, on DÉSIRE LE VOIR et pour ceux qui l'ont déjà vu, le REVOIR. Justement parce qu'il est d'atteinte, c'est un trésor d'autant plus désirable. Comme pour les voleurs, il y a des moments où le Seigneur, pendant sa vie publique, se déguise pour avoir plus d'impact sur son entourage, en quelque sorte, il le fait spontanément, naturellement, sans recherche, ainsi la Cananéenne, il prend avec elle un ton hostile pour voir jusqu'où ira sa foi et surtout l'obliger à faire un pas de plus dans la foi. Il manifeste son autorité par sa violence et sa colère, parfois, il menace les pharisiens, il menace les vents et la mer. Il se fait sévère (jeune homme riche). Le jeune homme riche doit aussi vendre ce qu'il a pour avoir un trésor dans les cieux. Parfois, le trésor est à rendre : « rendez à César ce qui est à César ».

Le Christ se déguise et en se déguisant, déguise son trésor, peu rentreront dans le royaume des cieux, ce qui donne justement envie d'y entrer. Pendant sa vie publique, il se déguise et est en tout cas un jeune homme riche qui distribue ses trésors, il est de nouveau pauvre au jardin des oliviers et sur la croix. Ainsi, il monte et il descend alternativement de la montagne, au sommet, il parle aux foules, au sommet, il y a la Transfiguration. Dès cette période de sa vie publique, il éprouve le besoin de s'isoler à certains moments, ayant monté au sommet de la montagne, c'est-à-dire ayant soulevé l'enthousiasme des foules par ses miracles et ses sermons, il éprouve le besoin de redescendre pour prier seul ou dans le désert, ou sur l'autre rive, ou à l'écart. Il a conscience de sa mission, de ce qu'il prêche et qu'il devra mettre jusqu'au bout en application. Si à l'extérieur, pendant sa vie publique, l'enveloppe peut être autoritaire, car même quand il a pitié, il fait preuve d'autorité pour faire ce qu'il faut et sauver les malades, à l'extérieur, l'enveloppe à la fin de sa vie est douce, il apparaît comme homme, il éprouve angoisse et tristesse, il a besoin de ses disciples pour prier, il voudrait qu'ils ne dorment pas, il se sent tout d'un coup faible et démuni, à l'intérieur aussi, il se sent bouleversé par sa mission, qu'il accepte, mais pour obéir à son Père.

Ceux qui se déguisent, ce sont des loups dévorants, au dehors, ce sont des brebis. Le Christ, pendant sa vie publique, n'a rien d'une brebis. Il part au contraire à la recherche des brebis perdues. La brebis perdue est pour lui le trésor qu'il doit retrouver. Lui qui EST la vie sans enveloppe, donnera sa vie avec enveloppe, et donnera sa vie sans enveloppe, puisqu'elle se prolongera par l'eucharistie en mémoire et répétition du sacrifice et de la cène.

La vie vaut plus que la nourriture, le corps plus que le vêtement, comme nous l'indique le récit du lys des champs, cependant, le Christ n'a pas négligé de nourrir les autres.

Le trésor caché de la fin de sa vie qu'est le Christ s'expose aux regards mais il est hors d'atteinte. Il est caché sur la croix, et après la résurrection et l'ascension, comme un trésor qu'on ne voit pas, mais dont on VOIT qu'il est HORS D'ATTEINTE, ainsi, il s'expose (sur la croix complètement) et ne s'expose pas, il est hors d'atteinte et déjà dans un autre monde, tout est accompli, comme dit l'Écriture, exposé, il se rend désiré. Les doux et les violents veulent s'emparer, arracher le royaume (le bon larron). Les doux se contentent d'attendre et désirer. Jusqu'au bout, le Christ offre la miséricorde par son Père, et s'il a dit : « c'est la miséricorde que je veux et non le sacrifice », pourtant le Père lui demandera AUSSI le sacrifice. Ce sacrifice, il est seul à Le Lui offrir, quand on s'offre, on s'offre seul, alors que dans la miséricorde, on offre telle ou telle chose et il y a des témoins, on ne s'offre pas, sur la croix, il souffre seul, ainsi à ce moment son Cœur est un trésor que L'ON NE VOIT PAS, on DEVINE seulement autre chose, son Cœur est hors d'atteinte de ceux qui l'entourent même s'il les porte tous DANS son Cœur.

Comme la lampe, le cœur éclaire mais il ne faut pas le fixer, le Christ sur la croix souffre, mais est tourné uniquement vers son Père absent pour s'offrir et offrir les autres avec Lui.

À ce moment, il ne cherche plus de trésor, de brebis perdues, il les porte et les offre, il les rachète. Pour le Christ, nous sommes SON trésor, mais pendant sa vie publique, il ne le montre pas tout à fait, pas en entier, et les autres sont parfois saisis de crainte quand il se déguise, pour trouver le royaume des cieux, il semble nous dire qu'il faut s'offrir comme Lui comme trésors : « là où est ton trésor, là aussi sera ton cœur ».

Ainsi, il ne faut pas amasser de trésors sur la terre, d'ailleurs, on laisse tout derrière soi, hormis son cœur. En arrivant dans l'autre champ qu'est le royaume, on peut voir qu'on a laissé des trésors dans l'autre champ sur la terre. Le trésor caché dans le champ n'est pas estimé à sa juste valeur, soit une fois il nous encombre, soit on l'échange contre un autre trésor, soit on l'enfouit pour ne pas le perdre (talents).

Qu'est-ce donc que ce trésor qui nous donne beaucoup de mal et nous encombre ensuite, que l'on peut échanger, rendre ou enterrer à nouveau ?

C'est le mystère du Christ Lui-même, car il est un vrai trésor. La vie même qui ne SE PERD PAS et ne S'ÉCHANGE PAS sans que nous comprenions, malgré les paraboles, que tantôt il consiste en quelque chose que l'on gagne, tantôt en quelque chose que l'on perd, mais alors, tout en le perdant, paradoxalement, dans la logique du Christ, l'amour du Christ, on y GAGNE.

VOIR

L'eau sert à laver et se laver (eau du Jourdain - Luc chap. 4, laver les pieds des disciples - Jean chap. 13, laver l'extérieur de la coupe - Luc chap. 11).

L'eau sert de boisson (donner un verre d'eau, la Samaritaine cruche d'eau - Luc chap. 22).

L'eau des larmes qui donne une vision NETTE opposée à la vision « nette » qui est trouble.

On peut voir en dormant.

Ceux qui pleurent s'opposent à la fois à ceux qui rient, « malheureux, vous qui riez », et à ceux qui voient « clairement » (Luc chap. 6), « heureux, vous qui pleurez » dit l'Écriture, ce bonheur se rapporte aux alternatives dans l'ascension du chagrin, larmes de chagrin, de douleur, de joie.

Jésus pleure à la vue de Jérusalem (Luc chap. 19) avant la Pâque, il pleura sur la ville en disant « si tu avais compris toi aussi le message de paix, mais non, il demeure caché à tes yeux ».

Jésus pleure parce qu'il « VOIT » quelque chose, il voit que le message de paix n'a pas été reçu, OU BIEN que le message de paix a été REFUSÉ (ce qui n'est pas pareil). Donc, en un sens, il VOIT, et en un autre sens, IL NE VOIT PAS, car il subsiste une ambiguïté sur ce message « non reçu » OU « refusé ».

S'il n'a pas été reçu précisément, n'est-ce pas parce qu'il n'était pas PERÇU comme un MESSAGE DE PAIX, cette ambiguïté, message « non reçu » ou « refusé », non reçu, c'est-à-dire pas parvenu à destination, « refusé », c'est-à-dire parvenu à destination, mais non accepté.

Il pleure donc face à Jérusalem. Le message de paix est demeuré caché à ses habitants, soit il n'est pas parvenu à destination, soit il est parvenu à destination mais a suscité l'hostilité, ainsi, le message est caché doublement : aux habitants qui, ou ne l'ont pas reçu, ou ne l'ont pas compris, et à Jésus qui PLEURE parce qu'il SOUFFRE, et il souffre parce qu'il NE VOIT PAS. Le fait que pour lui le message n'ait pas été reçu est une énigme, il souffre à cause de l'ambiguïté avec laquelle les habitants l'ont reçu ou de l'indifférence (ils l'ont « entendu » mais pas compris, écouté, donc REÇU).

Le message est donc doublement caché, ses habitants l'ont peut-être reçu sans voir qu'il s'agissait d'un message très important, ou l'ont reçu avec hostilité (voir ce que dit l'Écriture des prophètes rejetés).

Jésus voit cependant que des « ennemis l'environneront de retranchements », ils « se cacheront » pour mieux « surprendre » ceux qui sont dans la ville, ils se cacheront pour prendre aussi, les habitants savent qu'ils ont des ennemis mais ils ne voient pas les retranchements.

Jésus pleure, mais s'il pleure devant la ville, il ne s'adresse pas à ses habitants en pleurant, il ne pleure pas devant eux, personne ne Le voit pleurer sur la ville, ainsi, là encore, « le message de paix » n'est pas reçu, puisque les habitants ne Le voient pas pleurer. Jésus, en pleurant, a les yeux voilés, il pleure des larmes d'affection pour cette ville qu'Il aime. IL NE VOIT PAS ses habitants, cette ville est prise, enveloppée de son Amour dans sa totalité avec tous ses habitants qui ne Le voient pas.

Comme il est dit dans l'Écriture que le Père ne veut pas qu'il se perde « un seul de ces petits », ou bien plus avant lors de la destruction des villes de Sodome et Gommorhe, quelqu'un dit « s'il reste dix justes puis s'il reste cinq justes… », etc.

Jésus a les yeux voilés de larmes comme on verra que pour la Transfiguration, il devra monter sur la montagne, c'est là où tout le paysage SE DÉCOUVRE, ou bien comme lors de sa mort, le voile du temple se déchirera.

Il y a trois résurrections : Naïm, Jaïre, Lazare.

A - Naïm

Jésus dit à la veuve : « ne pleure pas », mais il s'agit ici des larmes de la veuve pas au sens où il est dit : « heureux vous qui pleurez », ce sont plutôt des larmes de détresse, un moment, un TEMPS de larmes, dans « LE TEMPS DES LARMES ».

Ainsi parfois Jésus dit : « ne pleurez pas », et à d'autres moments : « pleurez ». Elle pleure car elle ne voit pas encore que son fils ressuscitera, Jésus ressuscite le fils pour la mère, il avance le temps béni de la « résurrection ». Le fils, lui, ne voit plus en apparence, une fois mort, la mère NE VOIT PAS EN RÉALITÉ, quand il est mort. Autrement dit, il n'y a pas de signes pour les vivants que nous sommes, pour cette mère, que son fils mort, n'est pas mort en réalité, il faudra qu'il soit « ramené à la vie » pour qu'elle le croie.

B - Pour la fille de Jaïre, il ne se trouve avec Jésus que Pierre, Jacques et Jean, comme pour la Transfiguration, et les parents de la petite fille. Jésus ne pleure pas, en revanche, « tous pleuraient » (Luc chap. 8). Par rapport au fils de la veuve de Naïm et par rapport à Lazare, Jésus dit tout de suite : « sois sans crainte, crois seulement, elle sera sauvée », alors que les disciples disaient au père : « ta fille est morte à présent, ne dérange plus le Maître ». Jésus dit : « enfant, lève-toi », son esprit revint et elle se leva à l'instant même. Jésus ne pleure pas là, il laisse les autres pleurer, ne se trouble pas et sait immédiatement ce qu'il doit faire.

C - Pour Lazare, il se trouble par deux fois, et à cette troisième résurrection, il pleure (Jean chap. 11). Il se trouble une première fois et dit : « où l'avez-vous mis ? » (le corps). Il dit cela comme s'il n'y avait pas de résurrection possible. Il NE VOIT PLUS CLAIR en Lui pour parler avec autorité, et pleure quand les autres lui disent : « viens et vois » justement, alors JÉSUS NE VOIT PLUS ou PAS, du moins il semble qu'il se trouble, il ne voit plus ou pas, les autres font un commentaire précisément sur l'aveugle guéri, et Jésus frémit et se trouble une deuxième fois, à Lazare, il crie : « viens dehors ».

Les larmes indiquent un « trouble de l'esprit », mais pas au sens de maladie, il y a des larmes de joie, de chagrin, toujours elles jaillissent du verbe jaillir, et l'eau est symbole de vie, il pleure pour Lazare comme s'il n'y avait pas de résurrection, c'est l'esprit qui fait que les larmes ont un sens apparent et un autre qui n'est pas diamétralement opposé, mais transcende le premier. Il se trouble à la vue des larmes des assistants et pleure AVEC eux et pleure AU-DELÀ, malgré les autres, Lui, le Maître de la Vie et d'un pouvoir qu'il va mettre en œuvre.

Les larmes viennent de l'intérieur de la coupe, en ce sens en se déversant, elles lavent l'intérieur de la coupe. Si Jésus lave les pieds de ses disciples, il ne pleure pas en les lavant, la femme pécheresse ne lave pas les pieds de Jésus, mais pleure. En pleurant, ceux qui pleurent naissent de l'eau et de l'esprit, car les larmes peuvent être de joie ou de chagrin.

L'eau est quelque chose qui jaillit et retombe, redescend dans les profondeurs de la terre, les larmes sont des sources qui ne tarissent pas, alimentées par la joie ou la peine. En ce sens, on dit : « naître de l'eau et de l'esprit » de quelque chose qui a une origine inexplicable humainement parlant. Jésus enduit les yeux de l'aveugle de Siloé de boue (terre et eau), l'aveugle voit après.

Le long chemin de croix, Jésus souffre et les filles de Jérusalem se lamentent et pleurent, Jésus leur dit : « ne pleurez pas sur moi », c'est une autre gradation, on a vu que pour Naïm, c'était la veuve qui pleurait, à laquelle Jésus disait de ne pas pleurer. Pour la fille de Jaïre, tout le monde pleurait, pour Lazare, Marthe pleurait et Jésus s'est troublé et s'est mis à pleurer, et là, les femmes de Jérusalem pleurent sur Lui, mais Lui, ne pleure pas et il ne s'attendrit pas sur lui-même, il dit : « pleurez sur vous-mêmes et sur vos enfants car voici venir des jours où l'on dira heureuses les femmes stériles ». S'il leur dit de pleurer sur elles-mêmes, c'est le long du chemin de croix que Jésus porte sa croix de BOIS SEC et non de BOIS VERT.

Le bois sec est celui qui ne pousse plus, que l'on a coupé pour faire des cercueils et des croix, OU BIEN le bois « bon à être jeté au feu ». Le bois sec, en principe, est un bois qui « n'enfante plus », puisqu'il ne pousse plus. Le bois vert, en principe, est celui qui enfante car rattaché à un tronc en terre.

Après le début de la phrase : « heureuses les femmes stériles… » alors on se mettra à dire aux montagnes : tombez sur nous, et aux collines : couvrez-nous, car si l'on traite ainsi le bois vert (destiné à tomber après avoir poussé), qu'adviendra-t-il du bois sec ?

Le bois vert est destiné à pousser puis tomber.

Le bois sec, déjà mort ou coupé, n'a plus aucune chance de grandir. Le bois sec, lui, ne « couvre » plus, il ne peut plus porter de fruit EN APPARENCE, mais le Christ dit : « si le grain ne tombe en terre », il doit tomber en terre, mourir pour porter du fruit, le Christ, de même, devra mourir sur la croix de bois sec.

Le bois, ce sont aussi les barques pour prendre le poisson ou naviguer.

Les femmes de Jérusalem qui ont enfanté ont porté du fruit. Ici, on dit : « filles de Jérusalem », celles qui n'ont pas encore porté de fruit.

Comme pour la résurrection de la petite fille de Jaïre, à la Transfiguration, il y a Pierre, Jacques et Jean, ils sont soudain enveloppés d'une nuée, Jésus apparaît éclatant, il suscite une attention extrême, d'ailleurs, il y a Moïse et Élie. Pierre, Jacques et Jean voient soudain la gloire puis la nuée, ils proposent de dresser trois tentes, encore un voile (voiles de tentes, voile de la nuée), puis une voix qu'ils connaissent SANS RECONNAÎTRE, parle : « celui-ci est mon Fils, l'élu, écoutez-le », puis il n'y a plus que Jésus, et Jésus ne leur demande pas de garder le silence là-dessus, mais ils le font instinctivement par une sorte de crainte. Peu de temps après, Jésus leur dit une parole qui « demeure voilée » pour eux : « le Fils de l'homme va être livré aux mains des hommes ».

La mort est un voile pour les vivants et lorsque Jésus dit à un homme qui veut Le suivre, mais d'abord enterre son père : « laisse les morts enterrer leurs morts », il le dit car c'est comme un voile qui recouvre un autre voile, ou un voile des deux côtés, car les VIVANTS sont aussi morts que les morts. Il le dit tant qu'ils n'ont pas reçu la vie par le baptême et la grâce, les morts qui enterrent dans cette phrase, ce sont ceux qui ne croient pas à la résurrection, et ils enterrent des « morts » qui, OU ont cru, ou « n'ont pas cru ».

Cela, c'est l'autre voile, qui couvre le cœur de chacun FACE à un mort, ainsi Jésus dit : « toi qui crois, laisse ceux qui ne croient pas enterrer ceux qui ne croient pas, ou ceux qui ont cru, mais dont on ne peut jamais avoir l'entière certitude ».

Une fois morts, des morts on peut toujours dire : « ils croyaient, mais avaient-ils raison de croire ? » La foi ou l'absence de foi du mort (mort vraiment) ne fait pas de doute parfois mais ne convainc pas les vivants. Car quelles raisons auraient-ils de croire, pour autant que d'autres ont cru et ne sont pas revenus (sauf les exemples de l'Évangile).

On peut voir sans parler, ou parler et ensuite voir, et voir et ensuite parler, voir et être muet ensuite, comme Zacharie qui n'a pas cru et a parlé après avoir « délivré » le nom de l'enfant.

Jésus indique dans l'Évangile des moments de passage : « encore un peu de temps et vous ne me verrez plus, puis… ». Ainsi, il y a Voir, Ne plus voir, voir de nouveau.

Nous qui sommes nourris de son Corps et de son Sang, baptisés dans l'Esprit-Saint, on peut penser que l'on traverse aussi des moments où l'on voit, on ne voit plus, on voit de nouveau, cependant, il faut noter que ces moments se SITUENT À DES DEGRÉS DIFFÉRENTS LES UNS DES AUTRES.

On peut parler sans voir et voir sans parler, pour certains miracles, on ne parle pas aussitôt (Zacharie) mais bien après, de même pour l'Annonciation, la Vierge voit et garde les choses dans son cœur. Sur le chemin d'Emmaüs, les pèlerins parlent et ne voient pas puis quand leurs yeux s'ouvrent, le Christ disparaît à leurs yeux, la Samaritaine parle et ne voit pas, jusqu'à ce que Jésus lui dise : « je le suis, Celui qui te parle » (le Messie). À la Transfiguration, curieusement pendant, Pierre, Jacques et Jean parlent, après, ils se taisent.

De même, Jésus parle en paraboles : « parce qu'ils voient sans voir et entendent sans entendre ni comprendre » (Mathieu chap. 13).

À la résurrection, les yeux des apôtres s'ouvrent, ils ont assisté à la passion sans « voir » ni saisir avec leur cœur et leur esprit. Si naître d'eau et d'esprit, c'est connaître par les larmes de joie et de peine, on voit Jésus laver les pieds de ses disciples sans larmes, la pécheresse pleure mais ne lui lave pas les pieds. À Béthanie, c'est sur la tête du Christ qu'une femme verse un parfum grand prix (Mathieu chap. 26).

On peut parler sans voir et voir sans parler, cela vient en partie de ce que ceux qui voient n'imaginent pas au sens de voir en esprit, alors que ceux qui parlent imaginent au sens de voir en esprit. Alors, on parle à quelqu'un OU on voit quelque chose, ou bien on parle à quelqu'un ET on voit quelque chose.

Aussi faut-il RENTRER DANS SON CŒUR pour « voir », Zacharie, après une vision, est muet, par la force des choses, il « rentre dans son cœur », la Vierge, elle, garde « toutes ces choses en son cœur », donc après l'Annonciation, elle « rentre dans son cœur » après avoir vu.

Dans le cas où on passe par trois étapes différentes : voir, ne plus voir, voir de nouveau, Jésus dit à propos de Lui-même : « encore un peu et vous ne me verrez plus, puis un peu encore et vous me verrez » (Jean chap. 16), à propos de sa mort, il dit : « vous pleurerez », quand on pleure, « on rentre dans son cœur », cependant « cette tristesse se changera en joie, et votre joie, nul ne vous l'enlèvera », autrement dit, ce ne sera pas comme la joie actuelle où les apôtres doivent croire même si les miracles devraient les convaincre.

Si « voir de nouveau », c'est voir en un temps de SILENCE et APRÈS UN TEMPS D'ÉCHANGES, de paroles, la VISION peut être elle-même un obstacle à voir autre chose, ainsi il y a des portes à franchir (porte de la bergerie pour être à l'abri, porte étroite qui peut être celle de la bergerie, ou porte pour accéder au royaume des cieux) (portes - Luc chap. 9, 11, 13).

On peut, comme Jésus, ne pas être reçu, « mais on ne le reçut pas parce qu'il faisait route vers Jérusalem » (Luc chap. 9). Pour l'ami importun qui vient demander du pain la nuit, la porte reste fermée, on se dérangera cependant (Luc chap. 11, 13), Jésus nous dit : « luttez pour entrer par la porte étroite ».

Les morts, eux, meurent liés par les choses terrestres et leurs péchés, Lazare sort du tombeau lié de bandelettes. Le possédé vit dans les tombes. Les liens du péché sont comme ceux de la mort. Certains « marchent sur les tombes » sans le savoir, Jésus nous dit : « malheur à vous qui êtes comme tombeaux que rien ne signale et sur lesquels on marche sans le savoir » (Luc chap. 11). Et aussi : « malheur à vous parce que vous bâtissez les tombeaux des prophètes et ce sont vos pères qui les ont tués ».

On peut, si on vit comme étant mort, être comme un tombeau que rien ne signale, il dit cela d'ailleurs à propos des pharisiens dont l'intérieur est « plein de rapines » et qui ne lavent que l'extérieur.

Jésus, qui a fait trois résurrections, ne convainc pas plus ceux qui ne veulent vraiment pas croire et même quelqu'un venant de chez les morts ne les convaincrait pas.

Les tombes vides font jaser, ainsi, à la mort de Jésus, on ne croit pas les femmes qui sont allées au tombeau. On ne veut pas croire à la résurrection, et ceux qui ne veulent pas croire et ceux qui ne croient se rassemblent comme des « vautours » dit l'Écriture, « là où sera le corps, là aussi les vautours se rassembleront ». Ainsi, il ne faut pas chercher à sauver sa vie. Et au sujet de la mort, les apôtres ne demandent pas QUAND mais OÙ ? Ce qui importe, c'est moins le temps que le lieu lors de l'avènement du Fils de l'homme (on sait que Jésus aussi dit que le Seigneur viendra comme un voleur).

Le lieu, c'est le riche qui meurt ayant rempli ses greniers d'abondance pour ses vieux jours, il pensait « avoir le temps », c'est la mort qui se fait « attendre » pour Lazare (pauvre) et pour Job sur son tas de fumier, etc.

On se rassemble ainsi soit autour d'un MORT, soit autour d'une tombe (avec ou sans le mort), mais une tombe que l'on SAIT VIDE en réalité.

FRACTION ET COUPE

La fraction du pain se fait sans le couper, le Christ rompt le Pain simplement (Mathieu chap. 26).

Pour la coupe, c'est différent : « je ne boirai plus désormais de ce produit de la vigne jusqu'au jour où je le boirai de nouveau avec vous dans le royaume des cieux » (Mathieu chap. 26). « Mon Père, s'il est possible que cette coupe passe loin de moi, cependant non pas comme je veux mais comme tu veux ». Le Christ veut « couper » avec la coupe, jusqu'ici, il a bu la coupe avec plus que de l'amertume car cette coupe, il doit la VIDER.

Il veut bien souffrir, mais précisément que signifie boire la coupe en entier jusqu'au bout ? Pourquoi dit-on la coupe est pleine ? Sinon quand justement on n'en veut pas ou plus. Pourquoi précisément aussi le terme de coupe ? La coupe ne se coupe pas comme le Pain (et Jésus ne coupe pas le Pain, il le rompt).

« Jésus prit du pain, le bénit, le rompit ». Il pourrait le couper alors que la coupe ne peut pas être « coupée ». Quand on boit, on ne voit pas exactement ce qu'on boit, alors que quand on mange, on mange des portions. Le pain, Jésus pourrait le couper, mais alors le sens ne serait plus d'un corps indivisé en la moindre parcelle, on le rompt donc et dans cette rupture, il y a le symbolisme de la rupture d'avec le péché par le Christ. C'est donc son corps souffrant, rompu (noter qu'on ne lui a pas rompu les membres sur la croix quand il était mort). Le pain est offert, son Corps pour le salut du monde pécheur. Il a déjà fait par avance l'offrande du sacrifice à la Cène où il a dit : « ceci est mon Corps », si le Corps est rompu, c'est pour une communion, et une communication des membres du Corps du Christ les uns avec les autres, ils sont comme les branches de la vigne, les sarments greffés sur le tronc. De même, on ne peut couper la coupe, le partage est encore moins « visible », ici, il n'y a pas de fragments, seulement des gouttes, on ne coupe pas la coupe, on ne la mesure pas quand on en boit. Le Christ a versé son Sang d'un seul coup. La coupe n'est pas une fraction, elle ne se pèse pas, on ne sait à quelle « portion » on communie. On goûte une coupe, on en boit un peu, on l'écarte, on la vide. Cette coupe qu'il doit VIDER, Jésus voudrait qu'elle s'éloigne, car la vider, c'est souffrir trop, bien plus que le supportable, plus que simplement la mort à vivre. Ce n'est pas une coupe qu'il peut boire « à moitié » ou « coupée d'eau ». Il y a l'eau pour étancher la soif, mais on peut avoir soif de vin comme réconfort.

On peut noter qu'à Cana, le vin pourrait être coupé d'eau, puisqu'il n'y en a pas assez, mais alors il n'étancherait pas vraiment la soif et ne serait pas pour le plaisir et moins bon que pur, à Cana, c'est la « coupe d'eau » qui va être entièrement changée en vin. Le vin, lui, « ne se coupe pas », s'il y en a, il se boit toujours pur dans l'Évangile, aussi quand « l'époux sera enlevé », les invités jeûneront.

Les coupes sont celles dont les pharisiens ne lavent pas l'intérieur, ils lavent l'extérieur, ainsi, la coupe ne sert qu'à contenir le vin, l'eau lave et étanche.

Avant d'avoir dit : « que cette coupe s'éloigne de moi », Jésus a dit qu'il ne boirait plus du produit de la vigne avant le royaume des cieux, là où il y aura une fête avec le Père. Il sait qu'il va devoir boire la coupe, car il va verser son Sang et Lui-même sera la coupe donnée à la multitude pour la rémission des péchés. Dans la fraction du pain, on ne délimite pas bien les contours, mais on les voit clairement. On pourrait couper avec un couteau pour avoir des « parts égales » mais le terme de « parts égales » n'a aucun sens puisque le Christ est tout entier en UN et UN en tous. Pour la vigne, les vignerons « coupent », « émondent », isolent les membres malades qui meurent. La fraction du pain n'isole rien. Cependant, il y a des passages où le Christ parle de parts (parts dans le royaume). Pierre, Jacques et Jean se proposent pour boire une coupe, coupe que le Christ boira, alors qu'ils en sont incapables ou qu'ils en seront incapables une fois le moment venu, en temps réel. Parfois, il semble qu'il n'y ait pas de « parts égales », une partie du grain tombe sur le roc, une autre dans les ronces, un autre dans la bonne terre, ceux qui sont au bord du chemin et ceux qui sont sur le chemin, reçoivent la même parole mais pas de la même façon. Les ouvriers de la dernière heure sont payés comme ceux de la première, à cause de leur bonne foi et de leur bonne volonté, Jésus nous dit que c'est la foi qui justifie et non les œuvres. Si les parts sont réservées aux enfants, les petits chiens mangent les miettes qui tombent sous la table, car un « pain rompu » fait des miettes, à la différence de ce qui est liquide et qui peut se renverser ou se verser, que l'on peut éponger et qui peut sécher. Les petits chiens et les oiseaux mangent les miettes qui ne sèchent pas ou qui sèchent mais ne s'évanouissent pas en séchant.

Les gouttes, elles, sèchent, en ce sens, elles s'évanouissent, elles disparaissent. Jésus a faim dans le désert, après quarante jours, il n'est pas dit qu'il a soif, il a faim auprès du figuier et le maudit, et le figuier devient stérile, il a soif (Samaritaine), mais ici c'est une « façon de parler », peut-être pour aborder la Samaritaine et lui faire dire ce qu'il attend qu'elle dise et lui parler de « l'eau vive ». La foule, lors des miracles, « a faim », pas soif, on désire de l'eau ordinaire, car on ne sait pas ce qu'est « l'eau vive » car on n'a pas vraiment été désaltéré par tout ce qu'on a pu boire. Jésus aussi « doit manger un aliment que vous ne connaissez pas », « ma nourriture est de faire la volonté de Celui qui m'a envoyé ». Ézéchiel écrit aussi : « mange ce rouleau ». Chez Ézéchiel, l'eau peut être trouble (ainsi dans sa vision d'un torrent). L'eau « se trouble » comme l'esprit. Ce qui ne se trouble pas, c'est « l'eau vive ». On voit que parfois les eaux du lac « se troublent », aussi dans ce cas, on ne pêche pas mais on prie, jusqu'à ce la tempête s'apaise. Pierre « se trouble » quand il marche sur les eaux, à cause de cela et de son manque de foi, il s'enfonce. Quand on a goûté à l'eau vive, on n'a plus jamais soif. À la multiplication, justement comme symbole de l'eucharistie, c'est une toute petite quantité de pain qui nourrit une multitude, c'est comme le pain dont il n'est pas nécessaire de manger beaucoup pour être rassasié, ainsi, ce n'est pas une question de quantité. Aux repas de noces, banquets, festins, Jésus multiplie le vin, il y a alors une multitude qui n'écoute pas sa parole et qui a SOIF.

Lors des sermons, une multitude le suit, une foule qui a faim, pas soif, il multiplie le pain, on ne dit pas qu'il a fait jaillir une source, cette multitude a FAIM, pas soif. Paradoxalement, la faim répond à une attente précise ici, la foule a avant tout faim de l'entendre, LUI. Pour la soif, c'est un désir qui ne semble pas orienté vers Jésus, aux repas de noces, banquets, Samaritaine, les personnes sont, ou réunies autour d'un tiers, ou de tierces personnes, les nouveaux époux, eux, sont le centre de la fête et non Jésus, quant à la Samaritaine, elle puise tout le temps pour combler une soif qu'elle n'arrive pas à combler et elle croit que Jésus lui demande aussi de l'eau, ce qui n'est pas tout à fait le cas en réalité, puisqu'il va lui proposer de « l'eau vive ».

La coupe donc ne se « coupe » pas, ne se partage pas, deux personnes ne boivent pas à la même coupe en principe, et si elles boivent à la même coupe, elles ne boiront jamais exactement la même quantité, elles ne sauront pas précisément combien elles ont bu, de même que les coupes de vin pur ne sont jamais coupées d'eau dans l'Évangile, au mieux par un miracle, l'eau peut être changée en vin. Le pain se partage mais on voit ce qu'on partage et ce que l'on reçoit, on le rompt, la coupe, c'est ce qui est contenu, le pain n'est pas contenu.

Jacques et Jean veulent boire la « même coupe » que Jésus, mais ce ne pourrait être comme l'indique Jésus, « la coupe même ». C'est un peu comme les eaux du temple d'Ézéchiel, eaux que l'on traverse d'abord bien, puis moins bien, puis plus du tout.

Il y a des eaux qui « se coupent » parfois dans la Bible. Les eaux troubles, ce sont les torrents et les eaux des tempêtes. Élisée coupe les eaux en les frappant de son manteau, en les frappant, il les trouble aussi. Élie fait de même ensuite.

Les eaux se divisent en deux comme pour Moïse, elles « se coupent » en deux, la coupe, elle, ne se coupe pas.

Après les eaux troubles, il y a les eaux claires, ce sont celles des puits, des lacs calmes, ce sont souvent des nappes qui s'épuisent.

Les eaux vives enfin, au sens de vivantes, ou sources de vie, l'eau vive, c'est une eau sans PUITS, autrement dit, il n'y a pas de puits, il n'est pas nécessaire d'en puiser sans cesse, les eaux vives amènent des cycles qui vont des larmes de chagrin aux larmes de joie (« heureux ceux qui pleurent »). Les eaux vives naissent dans le bouillonnement du cœur à la suite d'émotions ou de choses qui troublent.

Dans les eaux, il y a :

- L'eau qui ne s'épuise pas, ces eaux donnent soif, plus on boit plus on a soif, si le puits est profond et abondant, plus on puise, plus il y a d'eau à puiser, et plus on puise, plus on a soif.

- L'eau qui épuise, si le puits ne contient presque pas d'eau, on est obligé de beaucoup marcher pour en trouver et on boit d'autant plus qu'il faut beaucoup marcher car on transpire.

- Enfin, une eau vive qui désaltère définitivement (Samaritaine à laquelle Jésus propose l'eau vive) qui ne se puise pas dans un « puits », puis on a soif, puis on boit, puis on a de nouveau soif, etc. Puis on a soif CAR on puise, et puis on a soif MAIS il faut puiser.

Les eaux vives sont une eau qui ne s'épuise pas, qui n'épuise pas, qui ne se puise pas.

La coupe peut être pensée comme ce qui contient.

Les eaux vives sont les eaux sans puits, sans coupe qui contienne, ce sont des eaux à l'infini au sens où elles désaltèrent définitivement, et donc aussi sans puits qui ne désaltère que temporairement.

Des eaux qui ne tarissent pas et n'inondent pas, et avec lesquelles on n'a plus jamais soif.

On peut peut-être établir une analogie entre ces eaux de source divine et ce qui se passe pour les eaux dans l'Écriture lorsqu'il y a une intervention divine.

Ainsi, lorsque les eaux se séparent (Élisée, Élie, Moïse), la « coupe » se coupe entre :

- ce qui est liquide
- et ce qui contient.

Entre ce qui liquide et ce qui contient, c'est-à-dire entre les eaux du fleuve et « le lit du fleuve », ou les eaux de la mer et « le lit de la mer », c'est-à-dire entre :

- ce qui ne se coupe pas ou ce qui est contenu et liquide,
- et la coupe (ce qui sépare et contient).

Ce qui sépare ne contient pas forcément. Ainsi, le lit du fleuve peut être séparé du fleuve et le contenir, ou séparé du fleuve et ne plus le contenir, comme quand Élisée frappe le torrent de son manteau.

Dans les deux cas, Moïse Élisée, Élie, il y a une coupe du fleuve ou de la mer, une coupe de l'eau qui n'est plus là où elle devrait s'étendre naturellement. Les eaux initialement dans le lit du fleuve se coupent comme s'il y avait un autre lit.

La coupe qu'initialement Jésus veut boire, dans un second temps, il reculera le moment de la boire, alors qu'il pourrait la boire avec ses disciples, il dit qu'il ne boira pas du produit de la vigne avant d'être dans le royaume. Puis dans un troisième temps, il souhaitera, quand elle lui sera présentée, qu'elle s'écarte (avant sa Passion).

Jacques et Jean boivent la coupe mas au temps où ils le désirent, ils boiront la coupe à la Cène, mais ne pourront boire la coupe même que le Christ doit boire.

La coupe a donc deux caractéristiques :

- une coupe que l'on veut bien boire, mais qui ne se présente pas à ce moment-là (au moment où on la boirait bien),

- une coupe que l'on boit contraint (elle se présente quand on n'en veut pas ou plus).

Le vin dans l'Évangile est toujours pur, sans mélange.

On peut boire quand on n'a pas soif.

On peut boire quand on a soif.

On peut ne pas boire quand on n'a pas soif.

On peut ne pas boire quand on a soif.

Autour du terme « coupe », on rencontre aussi dans l'Évangile d'autres éléments significatifs.

Ainsi, couper du bois (les sarments de la vigne), « je suis la vigne et vous êtes les sarments » dit Jésus.

Jésus fait aussi abattre le figuier, le bois mort est aussi pour « être abattu ».

Couper, cela peut avoir un autre sens, tel celui de « privé », ainsi nous jeûnerons quand nous serons privés de l'époux. Couper, cela peut vouloir dire « s'éloigner », ainsi, le Christ, autant peut unir, autant peut entraîner la séparation du père et du fils de la mère et de la fille, etc.

Couper, cela peut vouloir dire se séparer, ainsi, les apôtres, en quittant une ville où ils n'ont pas été reçus, doivent secouer la poussière de leurs pieds.

On emploie aussi l'expression « couper les ponts ».

Jésus souvent éprouve le besoin de « se couper » de ses disciples, de s'en éloigner, ou bien de les maintenir à distance, ou bien de les remettre à leur place.

On peut ainsi se couper de son passé et de tout ce que l'on aime pour suivre le Christ.

On peut aussi couper les liens, ainsi, Jésus demande que l'on défasse les bandelettes de Lazare, il coupe aussi les attaches au péché et délivre les possédés.

La parole elle-même peut « couper », elle peut être un glaive à double tranchant.

Jésus aussi se coupe des foules, il s'isole, dans le désert, en barque, dans la montagne.

Couper peut prendre un sens positif et non négatif, Jésus dit : « qui n'est pas avec moi est contre moi » et « tout royaume divisé contre lui-même court à sa ruine ».

Couper peut vouloir dire « fermer », fermer avec le monde extérieur, ainsi le Christ nous dit de fermer sur nous la porte de notre chambre et de prier notre Père dans le secret. Jésus nous dit par ailleurs, qu'il n'est pas venu « abolir mais accomplir la loi et les prophètes ».

Ainsi, couper, ce peut être :

- priver de sens pour donner un sens,
- priver d'une présence pour donner un sens,
- priver d'une absence pour donner un sens.

Jésus mené par l'esprit au désert, ce n'est pas vraiment lui qui choisit d'y aller, il est privé d'un certain sens, de sa volonté propre pour être mené.

Priver de sens pour donner un sens, ce peut être ne pas boire quand on a soif, et boire quand on n'a pas soif.

Priver de sens pour donner un sens, ce peut être ce qui est signifié dans l'Évangile, « là où le péché a abondé, la grâce a surabondé ».

Celui qui aimera davantage, nous dit Jésus, sera celui auquel on aura davantage pardonné. Ainsi, priver de sens, ce n'est pas seulement couper l'attache au passé, c'est faire jaillir du péché même autre chose, par le pardon, une autre vie par le pardon et l'amour et la foi.

Guérir les aveugles, ce n'est pas seulement faire en sorte qu'ils voient, mais qu'ils aient une autre vision.

Jésus aussi se « prive de sens » à sa Passion pour lui donner un sens justement, il remet son Esprit aux mains de son Père et s'apprête à subir la mort, il renonce à tout ce qu'il était durant sa vie publique.

La « coupe », cela peut être priver d'une absence ou priver d'une présence.

Il y a dans les scènes de l'Évangile des degrés d'absence, et la science de Jésus est de décrire un monde « absent » et cependant déjà présent, le royaume.

Les degrés d'absence sont, ou l'inconscience des disciples qui reprochent parfois à Jésus certaines choses, et Jésus à ce propos répond à Pierre : « passe derrière moi, Satan », ou aussi celles de Jésus en apparence.

Pour la mort de Lazare, Jésus n'est pas à l'heure au rendez-vous, il semble « absent », peu pressé de s'y rendre. Jésus peut être là au contraire où on le l'attend pas, comme sur le chemin d'Emmaüs.

Quand Jésus est là, les disciples ne saisissent pas toujours la portée de ses faits et gestes, ils comprennent après la résurrection. Les disciples suivent Jésus sans le suivre, entendent sans entendre, Jésus sait qu'il est nécessaire, à cause de cela, qu'il s'en aille à un moment donné, qu'il « s'absente ». Il semble parfois absent de « ce qui se déroule », intervenant à la fin seulement ou en disant : « plus tard, après ma mort, vous comprendrez ». Il semble aussi parfois « absent » de ce qu'il dit, lorsqu'il dit que c'est son Père qui parle en Lui. Extrêmement présent à un instant donné ou en un lieu donné, il dit au contraire : « je le suis, celui qui te parle » (le Messie). Il est d'autant plus présent immédiatement que son interlocuteur a une foi infaillible. Il semble « absent » quand les autres doutent, ou fait « comme si » à propos de la petite fille décédée, il dit : « elle n'est pas morte, elle dort », dans ce cas, il n'y a pas en apparence de miracle, de guérison spectaculaire.

À côté des absences de lieu et de temps, Jésus, qui n'est pas là quand on l'attend ou quand on l'appelle, peut être là quand on ne l'attend pas ou qu'on ne l'appelle pas. Il peut aussi faire comme s'il n'entendait pas ou répondre à côté. Il semble « absent » parfois de la scène même à laquelle il assiste, devant la foule qui le suit et ne veut pas le lâcher, il se sauve dans la montagne ou se retire en barque.

Jésus montre aussi qu'il n'a pas besoin d'être présent pour guérir. Pour ceux qui ont une foi infaillible en Lui, il les justifie par leur foi. Ainsi, il répond à la Cananéenne : « femme, grande est ta foi, qu'il t'advienne selon ton désir », et sa fille fut guérie.

Jésus a besoin de se retirer dans les lieux déserts pour prier et se faire désirer davantage. S'il était tout le temps avec ses disciples, ceux-ci n'auraient plus vraiment conscience de l'importance de sa présence. Ainsi à la Transfiguration, Pierre, Jacques et Jean parlent entre eux comme s'il était tout naturel qu'apparaissent Moïse et Élie, ils ne sont pas saisis de stupeur comme ils devraient l'être.

Priver de sens pour donner un sens, ce n'est pas aussi seulement ramener Lazare à la vie, mais ne pas le ramener à la MÊME vie. Il s'agit de le ramener à sa « mort » au temps où il doutait de la résurrection des morts, à sa vie antérieure, et de là, à la foi en Jésus, résurrection et Vie.

Jésus prive les choses de leur sens premier, parfois en se taisant ou en répondant par « énigmes ».

Si Jésus décrit « un monde à venir », ce royaume est déjà pour ses disciples de ce monde, et ils n'en ont pas vraiment conscience et posent la question : « quand cela arrivera-t-il ? » (l'avènement du Fils de l'homme).

La coupe ne se coupe pas, on l'accepte ou on la refuse, ou on la goûte.

Elle est ce qui contient et ce qui est contenu.

Pas plus on ne peut la goûter avant de l'accepter, pas plus on ne peut la goûter avant de la refuser.

Pas plus si on la goûte, on ne sait si on sera en mesure de la boire vraiment en entier, Ou si plutôt on ne souhaitera pas la refuser.

À Jacques, Jean, qui veulent boire sa coupe, Jésus dit : « vous ne savez pas ce que vous demandez », car goûter, ce n'est ni accepter ni refuser.

L'eau vive, c'est l'eau sans coupe jaillie du Côté du Christ, il n'y a pas vraiment de coupe ni « d'après », Jésus se donnant à tous tout entier.

Ceux qui boivent parce qu'ils ont soif, c'est naturel.

La coupe commence quand on ne boit pas si on a soif ou quand on boit quand on n'a pas soif.

Dans l'Évangile, il y a ceux qui ont soif, qui n'écoutent pas la parole, ceux qui ont faim qui écoutent la parole (les foules qui suivent Jésus).

On accepte la coupe mais on n'a pas toujours soif de cette coupe. On peut refuser la coupe parce qu'on a soif de cette coupe. Dans les deux cas, on rame à contre-courant du sens naturel (refuser la coupe parce qu'on n'a pas soif et accepter la coupe parce qu'on a soif). Si l'on a soif d'une coupe, on ne sait pas toujours bien à l'avance ce qu'on va boire.

Lorsqu'on rame à contre-courant, pour FINIR par ramer sans peine, il faut COMMENCER par ramer avec peine assez longtemps, s'armer de courage avec une armure « pour ramener la rame et la ramure ».

Lorsque les filets des apôtres sont pleins à craquer, cela se passe en deux temps, ils ont pêché toute la nuit sans rien prendre, mais sur l'ordre de Jésus, comme le centurion qui dit à l'un : « va » et celui-ci « va », sur l'ordre de Jésus, ils lancent leurs filets et prennent immédiatement beaucoup de poissons.

Celui qui dit à son serviteur : « va », il va immédiatement. Les choses s'ordonnent à une fin immédiatement. Il vient ou CELA vient immédiatement : les poissons sont pour la pêche et les disciples pour pêcher.

Les poissons sont dépêchés (sur place) et des pêchés sur place, et les disciples, les pêcheurs, les disciples se dépêchent aussi. Cela va vite d'un seul coup, ils remplissent leurs filets.

Ainsi, la pêche est miraculeuse car tout concourt au même ordre instantané. Jésus « se dépêche d'ordonner », les poissons « se dépêchent d'arriver », les pêcheurs « se dépêchent de pêcher ».

À l'image de notre vie où il nous arrive de nous dépêcher, de pécher, mais quand on se dépêche de pécher, c'est en secret, ici, c'est juste le contraire, au matin, Jésus les récompense au vu et au su de tous, ainsi, leurs efforts de la nuit n'auront pas été vains, ils seront une victoire qui semblera éclatante, comme d'excellents pêcheurs qui n'ont pas besoin de pêcher longtemps pour prendre beaucoup de poissons, ce qu'ils sont en un certain sens parce qu'ils pêchent immédiatement beaucoup de poissons, cela, c'est le miracle de Jésus, mais parce qu'ils ont fait effort toute la nuit, le miracle, c'est la mer qui ne contenait « rien » et qui d'un coup, contient « beaucoup », et tous ces poissons se sont dépêchés d'arriver à la barque pour être pêchés.

On ne sait pas si les poissons se dépêchent parce que les pêcheurs se dépêchent, et au lieu où les pêcheurs se dépêchent, ou si les pêcheurs se dépêchent au lieu où les poissons sont dépêchés. Il y a donc un certain concours de circonstances.

LA PORTE

« Je suis le chemin, la vérité et la Vie » dit Jésus.

S'il est la voie, le chemin, il est un passage.

S'il est la vie, il est un partage.

Il est donc au croisement, le passage et le point de partage.

Jean-Baptiste dit : « je suis la voix qui crie dans le désert, aplanissez le chemin ». Dans le désert, la « voie » est large, Jean-Baptiste crie, mais qui l'entend? Il n'y a personne car « large est le chemin de la perdition ».

La voie partage, on se partage sur la voie.

La voie est un passage et un point de rencontre.

Comment ce qui partage peut-il être en même temps passage? Le passage est le lieu où ce qui tranche est tranché.

Par le manteau d'Élie, les eaux qui tranchent sont tranchées elles-mêmes, on ne peut dire si c'est le lit qui a changé ou les eaux qui se sont séparées.

On passe donc d'une certaine « quantité » d'eau à une certaine « qualité » de l'eau.

Jésus nous dit : « je serai un signe de division parmi les nations ». Mais ce signe de division sera aussi un signe de multiplication (Dieu promet à Abraham de rendre sa descendance aussi nombreuse que les étoiles de la mer).

Le Christ ouvre d'autant plus de passages qu'il se départage. S'offrant, il souffre, il s'est exposé à l'ingratitude des hommes. Si souffrant, il s'offre, si s'offrant, il souffre, son Cœur est en un sens, fermé, et en un autre, ouvert.

Lorsque Jésus nous dit : « je suis la porte » ou « efforcez-vous d'entrer par la porte étroite », entrer par la porte étroite, cela veut dire prendre la dernière place quand on n'a pas la première, et prendre la première quand on a la dernière (invités aux noces). Il faudrait donc toujours rester petit sous le regard du Seigneur même quand on paraît grand aux yeux des autres, et être toujours en marche, c'est le fait de toujours marcher qui permet de franchir des « seuils », car « par porte étroite », il faut entendre « seuil ». Dans un autre passage, Jésus dit : « moi, je suis la porte des brebis, qui entre par moi sera sauvé ». Or, pour être sauvé, il faut avoir le désir d'être sauvé et de se sauver, même si on ne se sauve pas soi-même, avec l'aide du Seigneur, et si on le veut, on atteint et on franchit « le seuil », on peut, en « flânant » ou par distraction, ne pas franchir le seuil, on peut douter de Lui, autre façon de se détourner, de ne pas s'abandonner à sa miséricorde, croire que par ses propres forces on se sauvera. Les brebis dans la bergerie sont menacées parfois par « celui qui n'entre pas par la porte » et « qui est un brigand ». Aussi, la vie, c'est que l'on doit suivre le chemin, la vérité, que parfois on est fatigué du chemin et cependant il faut, malgré les chutes, porter sa croix pour Le suivre.

Au passage de la porte, ceux qui passent, partent, comme ceux qui passent un examen, les derniers qui s'abandonnent entièrement aux mains du Seigneur, « passent », ils cèdent la meilleure place. Ainsi, en marchant tout le temps, les derniers deviennent premiers, les derniers qui s'abandonnent aux mains du Seigneur reçoivent la première place cédée par la Seigneur.

Ainsi, en marchant tout le temps, les derniers peuvent devenir premiers, et redevenir derniers, tandis que les premiers marchent en sens contraire.

L'essentiel est de ne pas s'arrêter, de « marcher » en portant sa croix, et de marcher du point où on se trouve.

Il est facile de s'égarer en perdant de vue le « seuil », « large est le chemin de la perdition », « étroit et resserré le chemin qui mène à la vie ».

La porte peut être l'aube. À l'aube, on voit de quel côté se diriger, la nuit, on s'égare, à l'aube, on ne s'égare pas.

Il y a donc un seuil vers lequel on marche : Jésus.

Une voie étroite, mais on doit choisir de marcher dans la voie étroite. Le seuil vers lequel on marche, Jésus est aussi le seuil par lequel on passe (passage et partage).

Quand la vie est étroite, on marche tout droit devant soi, vers le SEUIL sans regarder sur le côté, MAIS aussi quand la voie est large, on a de la place et on ne pense pas devoir veiller puisqu'il n'y a pas d'obstacles, ou du moins, on peut facilement les contourner, au contraire, quand la voie est étroite, il faut les surmonter, on ne les contourne pas.

LA CROIX

Jésus dit deux choses en apparence opposées : « Mon joug est aisé et mon fardeau est léger », « qui ne prend sa croix pour me suivre n'est pas digne de moi ».

Or avec Jésus, ces deux choses sont seulement des temps différents, des étapes par lesquelles il peut nous faire passer, et des étapes avec un changement de qualité, on change « d'être » en quelque sorte.

D'un côté, on a l'abandon complet au Seigneur et à sa grâce, et dans l'attente de sa grâce, parce qu'on se sent profondément impuissant par soi-même, de l'autre, il y a la croix que l'on prend ou qui nous est imposée par d'autres.

D'un côté, il peut y avoir la joie profonde et grave de se sentir aimé de Jésus soi-même à part entière (il comble sa bien-aimée qui dort).

Ou la joie du transport, quand on est ému, touché par la grâce du Seigneur et porté à faire ce que de soi-même on ne ferait, le Seigneur alors nous transporte et nous porte, ou plutôt, on se sait porté parce que l'on se sent transporté. Une des formes de la conversion est d'accepter de se laisser porter. L'autre changement de qualité d'être, c'est en portant sa croix suivant les événements, on voit d'autant mieux l'issue qu'on la porte bien cette croix.

Jésus lui-même s'est « converti » en portant sa croix au Calvaire. La conversion est « intraduisible », elle est un changement d'état, ce n'est pas simplement une traduction du « thème » mais version et aversion qui se conjuguent.

L'intraduisible, on y entre par « l'illisible », la voie de la conversion n'est pas lisible, elle se déchiffre au fur et à mesure. On ne voit pas où cela nous mène d'abord de porter sa croix, c'est-à-dire traduire quelque chose avec toute sa bonne volonté et son application en luttant en même temps contre l'aversion, une aversion de la tâche à accomplir comme sacrifice, et un amour de la tâche simultanément, c'est pourquoi la croix est à la fois lourde et légère. Il se produit un changement de qualité de notre être, il ne s'agit plus d'abattre toujours beaucoup de travail comme lorsque l'on est transporté de joie, on commence par abattre peu de travail, péniblement la croix au début semble très lourde car la tâche s'accomplit sans goût, mais avec le désir de l'accomplir.

La croix semble lourde quand on ne voit pas d'issue. Tandis que la grâce intervient pour nous porter, on est « ravi » au double sens du terme de « emporté » et « porté » par l'amour de Jésus. Entre les deux états, il y a un changement qualitatif. Pour Jésus, lorsqu'il a porté sa croix, sa souffrance a été « intraduisible », elle a été dite, mais dire ce n'est pas traduire, traduire, c'est revivre une chose déjà vécue à un autre moment.

Les chutes du Christ sont aussi des silences, et là où sa faiblesse n'a pas de mots pour s'exprimer, il tombe. Cependant, que l'on choisisse une voie ou l'autre, ou qu'elle nous soit imposée, Jésus nous dit toujours de choisir avec amour ou d'accepter avec amour, et le chemin de l'acceptation est long parfois.

LA FOLIE DE LA CROIX

Il y a dans l'Évangile les fous de joie et les fous de douleur, les fous de joie possèdent et donnent la joie, les fous de douleur souffrent mais ils possèdent aussi une forme de joie qu'on leur vole, et comme l'Écriture dit : « heureux ceux qui pleurent, ils seront consolés ».

Les fous de joie éclairent, s'ouvrent aux autres, et distribuent leur joie qui est leur huile en abondance, en se gardant toutefois de tout donner, mais ils ne le disent pas aux autres (comme dans la parabole des vierges sages et folles), ils restent hermétiques en un certain sens, les fous de douleur souffrent et pleurent, ils ne donnent pas leur huile, ils la sécrètent, on la leur vole, ils sont cependant hermétiqueS en un autre sens, car ils ont de l'huile, ne la donnent pas ou parcimonieusement, à moins qu'on ne leur en vole, mais les autres voient qu'ils en ont, dans les deux cas, on peut reprendre la phrase : « l'amour de ta maison fera mon tourment ». L'amour qui se cache est volé, l'amour qui cache, vole.

Parmi les fous, ceux qui le paraissent ne le sont pas toujours. D'autres le paraissent et le sont.

Ainsi, ceux qui le sont, sont possédés, ils entrent dans la catégorie de ceux dont le Seigneur dit qu'il a choisi ce qui était fou pour confondre les sages. Marie elle-même, en un certain sens, sera folle de douleur, « une épée te transpercera le cœur » dit Siméon au temple.

Comme les fous de joie ont de l'huile mais ne donnent pas tout, cependant on ne voit pas qu'ils ont de l'huile, les fous de douleur, on leur vole leur huile, cela est à mettre en parallèle avec la lampe qui ne doit pas être mise sous le boisseau, il faut qu'elle éclaire, mais les lampes éclairent dans une certaine circonférence, ou bien elles éclairent tellement qu'on ne pense pas, on n'a pas idée que cela puisse cacher quelque chose, ainsi, les fous de joie sont débordants de joie, tout en apparence semble-t-il, sans profondeur, de même, les lampes qui éclairent tellement, comme le Seigneur venu en ce monde comme une lumière, dit l'Écriture, « que les ténèbres n'ont pas saisie ».

Parmi les fous, ceux qui le sont, il y a les possédés du démon, ainsi l'esprit malin qui fait croire qu'il n'y a pas de résurrection des morts, c'est pourquoi le Seigneur dit : « laissez les morts enterrer leurs morts », ceux qui ne croient pas à la résurrection des morts, dès cette vie, sont déjà passés de ce monde-ci dans notre monde, ceux qui sont morts en notre monde peuvent enterrer leurs morts comme des morts et ils les enterrent comme des morts non comme des vivants. Ainsi, il y en a qui sont possédés et que l'on a possédés, puisqu'on leur a mis des liens, qui vivent et écument dans les tombeaux, le Seigneur dit que la sagesse est folie pour ce monde-ci. Ainsi, la sœur de Lazare pleure-t-elle Lazare, la veuve de Naïm, son fils, toutes les deux pleurent vraiment un être qu'elles croient mort définitivement et entièrement poussière, elles pleurent autrement un être qui peut-être, pensent-elles, n'est pas mort, mais qu'elles ne reverront plus en ce monde-ci. Ainsi, elles pleurent sur de la poussière, elles sont comme le chœur des pleureuses qui poussent des lamentations, payées et engagées pour les enterrements.

Elles font appel à Jésus car elles mettent en lui leur espérance, poussière ou âme disparue, cela rejoint le problème de l'eucharistie et de l'incarnation, Jésus dit : « qui mange ma chair et boit mon Sang aura la vie éternelle et moi je le ressusciterais au dernier jour ». Ceux qui ont de l'huile et n'en donnent pas, et ceux auxquels on vole de l'huile, savent « broder », la veuve de Sarepta n'a qu'un tout petit peu d'huile et de farine, mais elle en donne car elle voit qu'Élie est un homme saint et elle lui fait confiance, il la remercie en disant que jarre de farine et cruche d'huile jamais ne s'épuiseront.

Celles qui pleurent sur de la poussière aux enterrements et croient que le disparu est définitivement et entièrement mort, s'opposent à celles qui pleurent l'âme du disparu, disparu qu'elles ne verront plus incarné, et qu'elles ne reverront que dans l'autre monde, celles-là croient au sacrifice.

Comment le souffle peut-il, pourrait-il être balayé par la poussière ?

Comment ce qui est incorruptible pourrait-il être balayé par la poussière, par ce qui est corruptible ? Ainsi, le Seigneur explique cela en disant que nous sommes les temples de l'Esprit-Saint et que nous avons la vie en nous par le baptême, et que la poussière emportée et balayée, la chair, n'est pas emportée et balayée sans être rapportée.

S'il y a des fous qui ont de l'huile, ils ne s'en servent pas toujours, ils l'économisent, car la lampe, le souffle peut la souffler. Comme les corps glorieux, la poussière se soulève avec le souffle en tourbillons, ainsi le souffle qui emporte et anime nos corps mortels, notre poussière la ramènera à la résurrection des morts.

L'état, c'est ce qui retombe, ou est figé sans aptitude au changement comme ce qui « se dépose », ce qui est statique, comme « l'état » de péché lorsqu'on y demeure, un état de matière et de mort sans mouvement. Lors de la résurrection, l'obscurité se fit sur le calvaire et le voile du temple se déchira, des morts ressuscitèrent « développés » de leur linceul, comme des pellicules, développés de leurs bandelettes, l'état de la matière est un état enveloppé, l'état d'enveloppe, la matière aussi développée, la matière s'anime avec le souffle. La matière est emportée par le souffle à la mort et rapportée par le souffle à la résurrection, mais rapportée non plus « enveloppée » mais « développée », car nos yeux verront alors ce qu'ils auront cru sur terre, le film non développé avec ses images. L'enveloppe est légère, faite de poussières minuscules, de fait, nous sommes incarnés, elle semble lourde, nous sommes pécheurs, c'est-à-dire que nous pouvons croître ou décroître, grandir dans la grâce ou les grâces reçues ou non. Mais nous ne sommes jamais absolument inertes, simple et pure matière, qu'aucun souffle ne soulève. Le souffle, le Christ nous le communique par ses dons et pardons, il sauve nos cendres de l'abîme, nous le crucifions par nos péchés et même pour ses dons.

LES ARBRES ET LE BOIS

Chez le prophète Aggée, on trouve un passage où il parle du bois et de la montagne (1940, Bible de Jérusalem). Il s'agit pour lui de monter à la montagne pour rapporter du bois et édifier une maison en bas, on ramasse donc le bois en haut. Pour Abraham (p. 62, Bible de Jérusalem), il monte à la montagne pour effectuer le sacrifice d'Isaac, mais il monte avec du bois, il ramasse donc le bois en bas pour faire le sacrifice en haut de la montagne, « montez à la montagne, rapportez du bois et réédifiez la maison, j'y mettrai ma complaisance et j'y manifesterai ma gloire » (1940).

Dans deux passages, il est parlé de bois de cèdres. Le premier (1760) où il est dit que le Seigneur cueille une pousse à la cime du grand cèdre et la replante sur une montagne élevée, le Seigneur abaisse l'arbre élevé et élève l'arbre abaissé, il fait sécher l'arbre vert et fleurir l'arbre sec. Ici, il y a plus, on passe du haut du grand cèdre, pousse cueillie toute petite au sommet de la montagne élevée, on passe d'un sommet à un autre sommet, et aussi la petite pousse en haut du grand cèdre était grande au sens où elle se balançait en haut du grand arbre, elle est replantée en haut d'une haute montagne, donc toute petite, mais du haut de cette montagne, elle « voit » tout le paysage, et pas seulement « sur » la montagne, sur cette montagne au contraire, elle occupe une place de choix, ce qui passe du « haut en haut », c'est ce qui reste tout petit, or, la petite pousse en haut de la montagne ne peut être replantée en haut d'un grand arbre, mais en terre où elle va grandir et devenir un grand cèdre à son tour, qui mourra son heure venue.

Chez Ézéchiel aussi, on trouve l'image du cyprès et du cèdre, à noter que c'est « l'abîme » qui l'a fait grandir, il semble donc issu de rien, pour autant que l'on puisse croire que l'abîme ne soit rien, précisément.

Parmi les nuages, émerge sa cime, donc si l'abîme, apparemment le vide, l'a fait grandir, sa cime est dans les nuages comme un rêve, il flotte entre le rêve et l'abîme, personne ne penserait que cet arbre est issu de quelqu'un ni d'autre chose que du rien et va vers quelque chose qui n'est pas indéterminé. Cet arbre n'est ni un cyprès ni un cèdre, on peut le leur comparer seulement, sous ses branches, les gens s'assoient, arbre envié de tous les arbres d'éden, cet arbre qui s'est enorgueilli de sa hauteur, et donc sera rejeté, coupé et abandonné. On n'est pas dans le même cas de figure que celui du premier arbre où le Seigneur fait fleurir l'arbre sec et sécher l'arbre vert, ici, l'arbre est carrément coupé, cet arbre a pointé sa cime jusqu'au « milieu des nuages » alors qu'il ne devait pas monter si haut, rester « sous les nuages ». Être au milieu des nuages, c'est plus fort qu'être « dans les nuages », « au milieu des nuages », l'arbre triomphe, or, il n'a pas à triompher.

Dans les nuages, il rêve ce qui est excusable, le texte dit qu'« au départ, sa cime émerge parmi les nuages », elle émerge, ravie probablement, et à ce moment, ce n'est ni le triomphe ni le rêve, mais malheureusement après le texte dira : « parce qu'il a porté sa cime jusqu'au milieu des nuages », ici est la faute. Il est alors coupé, ses branches gisent « éparpillées », le texte s'achève en disant que « jamais ne se dresse de toute sa taille un arbre situé près des eaux, qu'aucun ne porte sa cime jusqu'au milieu des nuages » CAR un arbre planté près des eaux, normalement « se penche » vers ces eaux, ces eaux mêmes qui l'abreuvent, il ne les domine pas, or, les nuages sont aussi des eaux, elles « tombent » si Dieu veut, l'arbre n'a donc pas à se dresser « vers eux de toute sa hauteur » ni « porter sa cime au milieu des nuages », car « tous sont voués à la mort ». Si l'abîme « l'a fait grandir », le Seigneur dit : « à sa mort, j'ai fermé sur lui l'abîme ».

Chez Daniel, il est question d'arbre aussi, un vigilant saint crie : « abattez l'arbre qu'il ne reste que la souche et les racines, un cœur de bête lui sera donné et sept temps passeront sur lui ».

Jérémie, lui, voit « une branche de veilleur », Dieu lui répond qu'il a bien vu et veille sur la parole pour l'accomplir.

Dans le livre des juges, il y a une parabole des arbres (451) :

- l'olivier ne veut pas renoncer à l'huile, l'huile à la fois éclaire et nourrit,
- la vigne, idem, boisson et nourriture,
- le buisson d'épines propose deux choses : il se propose comme abri ou s'offre comme feu pour « dévorer ».

Ainsi, on choisit avec le buisson d'épines l'ombre ou le feu. Le buisson d'épines peut être ce qui rafraîchit ou ce qui brûle. Notons que la joie qui rafraîchit les convives à l'ombre est communicative, de même que le feu qui « se communique ». Il se communique aussi dans les deux sens, il est écrit : « qu'un feu sorte d'Abimélek et de Bet-Millo et qu'un feu sorte des maîtres de Sichem, qu'un feu sorte de d'Abimélek et qu'il dévore les maîtres de Sichem et de Bet-Millo pour dévorer Abimélek ». (Livre des Juges).

Le Christ couronné d'épines est un feu qui se communique sous forme de joie profonde ou de souffrance. Le feu peut être une joie au sens de « ferveur », MAIS aussi un glaive qui transperce le cœur ou sépare le fils du père, la fille de la mère, etc.

Le Christ dit : « je suis venu allumer un feu sur la terre », ceux qui choisissent le feu peuvent s'endormir, s'attiédir, d'où toute l'équivoque de la symbolique du feu qui réchauffe et, ou, dévore, bon et mauvais, et de celle de l'ombre bienfaisante et malfaisante, dans l'ombre, se fait le mal, et à l'ombre, on se repose.

Chez Luc, on trouve aussi un passage sur les épines, ce qui tombe dans les épines, ce sont ceux qui ont entendu la parole, mais « en cours de route, les soucis, la richesse, et les plaisirs de la vie les étouffent et ils n'arrivent pas à maturité », ces grains tombés dans les épines.

Le Christ est aussi couronné d'épines, mystère d'humiliation et de dérision, on lui frappe la tête avec un roseau.

Au second livre de Macchabées, il est parlé du feu enfermé dans une grotte, caché, il se transforme plus tard en eau épaisse, cette eau enfin que l'on verse sur le bois avec le sacrifice prend feu. C'est donc un feu sacré.

Si nous revenons à Aggée, qui explique qu'il faut monter sur la montagne pour rapporter du bois et édifier la maison (dans la vallée, la maison est détruite), la maison que l'on va construire sera le cœur qui respire, l'offrande du sacrifice (le sacrifice étant dans un premier temps, de monter sur la montagne pour ramasser du bois), la maison ne vit que comme offrande, autrement dit, c'est un cœur de pauvre et un cœur pauvre, l'offrande qui « s'élève » puisqu'il s'agit d'un sacrifice, le sacrifice est de monter ramasser le bois, réunir dans un premier temps les morceaux de bois mort, éparpillés, et le sacrifice dans un deuxième temps, est de les construire (construire la maison), ainsi, la maison est comme un cœur qui respire en deux temps seulement. Elle aspire à se réunir (réunir ce qui est éparpillé), elle aspire à se construire, les deux temps lui donnent son souffle, et son souffle est offrande. Elle construit un édifice que le Seigneur agrée, car elle se consume dans un premier temps, en efforts vains, ramasser des bouts de bois sans en voir le bout, et dans un deuxième temps, elle réussit à réunir les bouts, construire. Elle se consume en efforts pour construire ce qu'elle a réuni. En effet, des éléments peuvent être construits sans avoir été réunis par les mêmes membres (bric-à-brac disparate) ou avoir été le fruit d'un effort de réunion dans un premier temps, ramasser les morceaux éparpillés et des éléments peuvent être réunis sans qu'ils soient suivis d'un effort de construction, pour bâtir l'édifice que le Seigneur agrée, ainsi, cet édifice s'élèvera en deux temps, réunion et construction, les deux temps du sacrifice par les mêmes membres à cette seule condition qu'il y ait ces deux temps, ce sera une offrande que le Seigneur agrée.

On voit ici que dans ce deuxième temps, le sacrifice se fit dans la vallée (la maison se construit dans la vallée), pour Abraham, au contraire, il s'agit de monter avec le bois (et l'enfant), il a ramassé donc le bois en bas et il monte en haut de la montagne, en haut, le Seigneur lui signifie sa miséricorde, sa clémence, au moment où il s'apprête à sacrifier son fils, il fait donc le sacrifice du sacrifice ou l'économie du sacrifice, il doit juste sacrifier un bélier, « je prends plaisir à la miséricorde et non aux sacrifices ».

La symbolique : monter pour offrir, descendre pour offrir, n'est pas indifférente.

Offrir la maison comme sacrifice, offrir le sacrifice comme maison, le Seigneur habite l'espace de nos sacrifices, le cœur de nos sacrifices, ici, maison peut être entendue au sens de cœur, monter pour offrir, c'est aussi s'offrir d'ailleurs.

Abraham monte pour offrir son fils, un être humain, de même, Sarah monte au temple pour offrir Samuel, le consacrer à Dieu. Marie et Joseph montent au temple pour la présentation. Au cœur du sacrifice est le sacrifice du cœur, ici, au sens de la maison.

Descendre pour offrir : « le Fils de l'homme s'est abaissé jusqu'à l'humiliation et à la mort sur une croix ».

Descendre pour offrir, c'est aussi « renoncer à », offrir quelque chose de moindre, de petit, de moindre que ce que l'on pensait, ou offrir le plus petit, la moindre parcelle, ainsi le Christ offre le plus petit de sa vie, ces heures de découragement au jardin des oliviers. Monter, c'est avoir l'idée d'une offrande volumineuse, triomphale, comme on monte à l'assaut quand on se sent fort, elle évoque quelque chose de guerrier, le sacrifice ne se fait qu'avec du bois mort, pour édifier la maison, il faut faire sécher le bois, on voit aussi que le bois peut se trouver en bas ou en haut (la matière du sacrifice). Il faut monter pour l'atteindre, ou descendre pour l'atteindre, il est de toute façon hors de portée immédiate, le bois sec prend feu, pas le bois humide, sauf dans le deuxième livre des Macchabées (960, le bois qui s'enflamme au contact de l'eau boueuse).

Le bois de la croix est aussi la matière du sacrifice.

LE SOUFFLE ET LA POUSSIÈRE

Le péché flétrit le souffle, il retombe. Le souffle, à l'origine, emporte dans le désert le sable en tourbillons, rien ne retient la matière. La matière peut être emportée par le souffle à la mort et ne pas être rapportée par le souffle à la résurrection. Ainsi, les os seront ou ne seront pas rapportés.

Ainsi, ceux qui n'auront pas cru ne ressusciteront pas, ne verront rien, puisqu'ils n'auront cru en rien. Incarnés seulement, nous sommes inertes, faits d'une matière qui ne se soulève pas et où il n'y a pas d'air. Le souffle nous soulève, l'Écriture dit que l'Esprit souffle où il veut, cependant, la grâce du baptême nous pousse à grandir dans le sens du souffle, à suivre son Orientation, son inspiration et non n'importe quelle orientation, en marchant dans le sens du souffle, on l'ÉPOUSE pour finir. La matière inerte n'épouse pas toujours le souffle, les pierres, par exemple, ne se déplacent pas sous le souffle, le souffle est à l'origine de la conscience, à la naissance, à la fin et bien après, à la résurrection.

Il y a plusieurs passages dans l'Écriture où le Seigneur parle de la poussière. La Genèse, où Dieu prend de la poussière et insuffle la vie dans les narines, et aussi le passage où le Seigneur dit à ses disciples que partout où ils auront été sans être reçus, ils s'en aillent en « secouant la poussière de leurs pieds », autrement dit, qu'ils quittent le seuil.

La poussière que l'on balaye sur le seuil, c'est ce qui vient et ce qu'on advient : « tu es poussière et tu retourneras en poussière ». La nuée cache aussi comme un nuage de poussière. Ainsi, à la Transfiguration, la nuée prend « sous son ombre » Pierre, Jacques et Jean. À l'Ascension : « et une nuée le déroba à leurs yeux », à la Pentecôte : « vient du ciel un bruit tel que celui d'un violent coup de vent » (sans poussière).

Sous une autre forme, on peut voir ou ne pas voir ce qui se passe, comme si on avait un voile devant les yeux (2e livre des Rois, chap. 2). Élie dit à Élisée : « si tu me vois pendant que je serai enlevé d'auprès de toi, cela t'arrivera » (avoir une double part de son esprit), or, il le voit.

Prenons d'abord :

- La Transfiguration (Luc chap. 9).

La nuée, tantôt prend sous son ombre, c'est-à-dire qu'elle dissimule à Pierre, Jacques et Jean, ce qu'il y a au-delà de la nuée, cette nuée, peu à peu, enveloppe en dérobant, et en se dérobant, le fait qu'ils aient pu dire : « oh ! il y a une nuée », marque qu'au départ il y avait une distance, ils voyaient sans être saisis, « ne savez-vous pas qu'un seul de vos cheveux ne tombera sans la permission de votre Père céleste ». Dieu permet qu'ils voient la nuée « sans enveloppe », comme un phénomène à distance, étonnant certes, mais sans plus, et ensuite l'enveloppe de la nuée les intègre pour ainsi dire, sans qu'ils comprennent comment, ce qui fait qu'ils ne sont plus étonnés mais ont peur parce qu'ils se sentent tout petits. L'étonnement ne rapetisse pas nécessairement, on peut être étonnés au sens de, à la fois émerveillé et subjugué, la qualité de notre être pour ainsi dire n'en est pas diminuée, on se sent quelqu'un. Là où la qualité de notre être diminue pour ainsi dire et où on se sent plus que rapetissé, c'est dans l'obscurité précisément où l'on sent profondément sa misère et son impuissance, enveloppés par la nuée, Pierre, Jacques et Jean se sentent impuissants, non seulement dans leur corps mais dans leurs facultés, imagination, ils n'arrivent pas à imaginer ce qui leur arrive, à s'en donner une représentation, à le voir et à mettre des mots encore moins, c'est pourquoi la qualité de l'être diminue car on se sent poussière, aussi, l'Écriture dit : « il faut qu'il croisse et que je diminue » (Jean-Baptiste).

- L'Ascension.

La nuée « dérobe », en dérobant, elle se dérobe.

Jésus disparaît dans la nuée mais on ne sait ni où ni comment. Il peut disparaître dans un « là » QUI N'EST PAS LÀ, tout en étant là car il y a nécessairement un lieu, mais ce lieu qui est et n'est pas, est un mystère, la nuée dérobe non seulement au sens de « cacher », mais elle se dérobe, elle cache ce qu'elle cache, autrement dit, la nuée dit et nous dit : « voyez », ce qui signifie : vous croyez voir, oui, mais vous ne voyez pas. Elle dit donc trois choses, dont deux à l'impératif : ne voyez pas, vous ne voyez pas, voyez. Elle ne suggère pas une chose dont le sens serait : « croyez-vous voir ? »

- La Pentecôte (Actes des Apôtres, chap. 1).

Du ciel vient un bruit « tel que celui d'un violent coup de vent », cependant, il y a le bruit du vent mais pas d'air ou de déplacement d'air, ni de nuage de poussière. Et le texte ne dit pas du vent mais « un coup de vent ». C'est-à-dire quelque chose de brusque, inattendu, ce quelque chose qui ne déplace rien et ne SE déplace pas.

Le son sans origine palpable, ne peut être d'un instrument. Avec un déplacement, ce pourrait être des feuilles, ou plutôt des feuilles à l'infini, comme les arbres font un mille-feuille. Un nombre de feuilles que l'on ne compte pas, ainsi donc, il peut y avoir déplacement sans origine palpable, on ne sait pas le nombre exact de feuilles d'un arbre donné. Comment quelque chose qui ne déplace rien peut-il faire du bruit ? Un bruit apparemment sans cause, sans origine et sans effet, et qui heurte cependant le tympan. Notons que ce passage de la Pentecôte vient après la mort du Christ, après qu'il ait recollé l'oreille d'un soldat. Élie, de même, à l'Horeb, rencontre

Dieu, non dans un ouragan violent, puis un tremblement de terre, mais le visage voilé d'un manteau, il écoute à l'entrée de la caverne « le son d'un silence subtil », une voix parvient alors à Élie (1er livre des rois, chap. 19). Notons qu'Élie s'entend poser deux fois la même question : « que fais-tu ici, Élie ? » (à la tombée de la nuit dans la grotte et à l'entrée de la grotte). Il répond deux fois la même chose et ce n'est que la seconde fois que le Seigneur lui indique que faire. À l'entrée de la caverne, Élie a le visage voilé d'un manteau, Élie ne voit pas et il est sans voix, rien que le son « d'un silence subtil » parvient à ses oreilles. Dieu repose la question comme si Élie n'avait pas entendu ou comme si Dieu n'avait pas entendu sa réponse, et ainsi l'équivoque reste entre la question de Dieu qui n'a pas été entendue par Élie et la réponse d'Élie qui « semble » ne pas avoir été entendue par Dieu, d'où le « son d'un silence subtil », d'un silence en suspens, comme si l'un et l'autre se voilaient les oreilles, ils apparaissent voilés l'un et l'autre. Samuel, lui, entend qu'on l'appelle la nuit, mais se trompe sur l'origine de l'appel, c'est Dieu qui l'appelle et il croit que c'est Élie. Pour guérir les sourds, le Seigneur bouche leurs oreilles (ephata, ouvre-toi).

Pour la Pentecôte, voir le bruit que fait le vent, c'est voir ce qui ne se voit pas, au sens où alors on voit l'invisible, on voit le vent sans le déplacement d'air, le vent détaché du sens, étrange et aussi étranger à nous-mêmes, à notre condition humaine, et cela s'entend tel le « silence subtil » de l'Horeb.

Dans l'Écriture, il y a les nuages du ciel et les nuages de poussière, enfin, il y a la poussière qui se dépose, symbolisant l'état de grâce, au contraire, la poussière vole, elle est apportée et remportée. Dieu prend de la poussière et insuffle la vie, le souffle dans les narines, et transportée (la poussière), « il se fera dans les derniers jours, dit Dieu, que je répandrai de mon esprit sur toute chair » (Actes des Apôtres, chap. 2) et rapportée (la poussière), mais pas de la même manière, apportée et remportée dans un va-et-vient, et rapportée sous une autre forme, telle est la poussière.

« Fils de l'homme ressuscite ces os », trouve-t-on dans Ézéchiel. Les nuages au ciel ne sont pas de la poussière, et ils sont comme un voile de poussière cependant, ce sont les eaux, quand les eaux sont écartées, la poussière vole au sol, quand les eaux sont rapportées, la poussière ne vole pas, cela fait de la boue ou de la terre humide, comme notre condition mortelle et dans un mouvement d'aller et retour des choses qui bougent puisqu'elles passent, et la poussière tantôt vole, tantôt ne vole pas.

Lorsque les os sont écartés, et écartés aussi de leur propre mémoire, ils découvrent, mais que découvrent-ils ? Ils découvrent en un sens la chair, au sens où celle-ci ne les couvre plus, c'est elle au contraire qui paraît, et la chair ne protège pas les os, n'est pas leur conscience sur terre. Dans le même sens, mais dans un autre cas de figure, les os écartés, que découvrent-ils ? Ils sont devenus la cendre, la poussière qui vole, l'état de mort dépassée, pire que la mort elle-même. Les poussières volent toujours dans le même mouvement d'aller et retour d'une poussière apportée, remportée, balayée et ramenée. Par contre, comment les os peuvent-ils être rapportés, comment les eaux peuvent-elles être rapportées, et recouvrir la terre ? Rapportés à la conscience et rapportées au sens de réunis, à la résurrection, sans aller et retour, lorsque les os sont rapportés, ils ne découvrent pas la chair, c'est-à-dire qu'à la résurrection, nous ne serons pas comme ici-bas sur terre. Si les os sont rapportés, la chair se découvre devant les os. Ainsi, les os rapportés recouvrent, mais que recouvrent-ils ? C'est ce que nous verrons avec nos propres yeux à la résurrection. À la résurrection, si la poussière vole, est apportée, et remportée, et rapportée, cela témoigne d'un état de grâce. Dans l'Évangile, le Christ parle de nous comme des temples de l'Esprit-Saint. Il y a des moments dans l'Évangile où le

Seigneur s'emporte comme quand la poussière vole, il vole au secours des malheureux, il secoue la poussière du temple en chassant les marchands. Les nuages du ciel sont les eaux rapportées qui tombent, ainsi, faut-il naître d'une eau qui nous lave, comme l'eau de Jean-Baptiste lorsqu'il baptise, mais d'eau ET d'Esprit-Saint du Baptême du Christ. À ce prix seulement, nous pourrons entrer dans le royaume des cieux. Comme on rapporte l'eau et la poussière qui vole à l'Esprit-Saint, en considérant les eaux écartées et rapportées, et non les eaux écartées ou présentes, en oubliant qu'elles sont rapportées. Jésus nous dit qu'il baptise dans l'eau ET l'Esprit-Saint, et non dans l'eau ou l'Esprit-Saint.

Ainsi, il y a des choses nées de la chair qui sont chair, et des choses « nées de l'esprit qui sont esprit », et « le vent souffle où il veut mais tu ne sais d'où il vient ni où il va, ainsi en est-il de quiconque est né de l'Esprit » (Jean chap. 3).

Jésus dit aussi : « il vous faut naître d'en haut », les nuages sont en haut, ou un ciel sans nuages. Les nuages pleuvent et fécondent la terre, si la poussière vole, ils ne tombent pas, la poussière vole, le soleil est nécessaire, « le Seigneur fait briller sa lumière sur les bons et les méchants ». S'il baptise dans l'eau et l'Esprit-Saint, c'est pour qu'on ne considère pas l'eau comme eau et l'esprit comme nous appartenant, qu'on ne considère pas l'eau sans esprit et l'esprit sans eau, « ce qui est né de la chair est chair, ce qui est né de l'esprit, esprit », aussi ne faut-il pas naître seulement d'eau ou d'esprit, comme le pain de Dieu qui « descend du ciel » n'est pas celui des hommes mais nourrit aussi le cœur de l'homme.

DEMEURES

La passion se fait dans le mouvement. Même quand elle est adoration dans le respect et l'immobilité, il y a des degrés dans la vie du Christ qui vont de la joie à la passion, et de la joie secrète à la joie extériorisée qui se clame, « heureux êtes-vous si… »

Il aime ses disciples, il aime les hommes, mais adore son Père des cieux « en esprit et en vérité ». Celui qui aime avec joie aime avec élan et dans le mouvement. Le Christ adorant son Père l'aime non seulement en vérité mais en esprit, en joignant en quelque sorte le geste à la parole, il adore non SUR une montagne, mais COMME SUR une montagne, il remet tout son être entre ses mains et même son esprit, le Christ aime de multiples façons, et sans sagesse, il chasse les marchands du temple, il se met en colère contre les pharisiens. La passion frappe, l'amour touche. L'amour a une connotation de joie, la passion est sombre, l'amour a aussi une connotation de paix et non de souffrance comme la passion.

La lutte contre l'abattement, l'engourdissement, l'engloutissement, est une lutte contre le sommeil, un sommeil qui ressemble à la mort, ou une lutte contre la mort (tomber dans l'inconscience) qui ressemble au sommeil. Il y a un sommeil qui ressemble à la mort et qui n'est pas la mort. L'Écriture dit : « il comble sa bien-aimée qui dort » dans le cantique des cantiques, et aussi : « travaillez pendant que vous avez la lumière », différents passages de l'Évangile disent tantôt que la nuit, il faut dormir, et tantôt qu'il faut veiller pour ne pas entrer en tentation et ne pas se laisser surprendre par un voleur. Les deux choses ne sont pas contradictoires, on peut dormir en « veillant » et veiller en dormant.

Les fous de joie touchent et frappent, au sens de frapper juste. L'Écriture dit aussi : « il a choisi ce qui était fou pour confondre les sages ». Au Calvaire, le temps tombe goutte à goutte, les paroles égrènent chaque instant qui s'écoule de la Passion, du calme au tumulte et de l'acceptation à la lutte contre l'abattement (sueur du jardin des oliviers et du chemin de croix).

Lutte contre l'engourdissement (sommeil du jardin des oliviers).

Lutte contre l'abattement (croix qui tombe à relever).

Chaque instant coûte. Sur la croix, le Christ ne fait plus d'éclats, sa passion est quelque chose qui SOMBRE avant d'être une VICTOIRE.

Au pied de la croix sont les cœurs sans « intelligence, lents à croire » (Luc, chap. 24). Le contraire de la joie, ce n'est que la tristesse, donc sous une certaine forme, Jésus nous dit que notre tristesse se changera en joie, que « nul ne vous enlèvera ». Notons qu'à Cana, on lui dit qu'il n'y a plus de vin, mais on ne lui dit pas de changer l'eau en vin, et quand l'eau est effectivement changée en vin, le miracle reste discret et secret. Une seule personne pense qu'il y a dû y avoir un miracle, mais elle ne le dit pas : Marie. La joie aussi est parfois un miracle, lorsque Jésus la fait naître en nous en venant établir en nous sa Demeure, il dit : « demeurez en moi comme moi en vous » (son Père) (Jean, chap. 15) et aussi : « comme je demeure en son amour » (L'amour du Père, chap. 15, Jean).

Et aussi cette joie est lorsque Jésus établit sa Demeure en nous pour que nous ayons la paix en Lui et non en nous, « je vous dis cela pour que votre joie soit complète et aussi pour que vous ayez la paix en moi ».

Mais il y a beaucoup d'autres demeures chez son Père.

On ne trouve pas la joie en changeant de demeure, mais c'est la demeure qui change. La joie n'est pas nécessairement esprit de fête, l'esprit de fête est une joie qui éclate. La joie peut éclairer la demeure comme la lampe de l'Évangile. Ainsi, on demeure à l'intérieur et on se recueille à l'intérieur de sa demeure, ou plutôt, on demeure à l'intérieur et L'INTÉRIEUR se recueille.

Ainsi, la joie qui éclate et la joie dite « intérieure » ne sont pas diamétralement opposées, elles se complètent, la joie est intérieure et contenue ou exposée comme la lampe qui est exposée, si elle n'éclaire que l'intérieur, c'est une joie qui fait que l'on aime et se sente aimé, mais dans une autre tonalité que la précédente, cependant, cette joie ne nous appartient pas, elle ne vient pas par volonté. Ainsi, la demeure est plus ou moins grande, elle englobe l'environnement où se secrète goutte à goutte sa joie et sa paix.

Ainsi « demeurez en moi », on demeure dans le Christ comme il demeure en nous, on est dans la joie dans la mesure où on ne discerne pas bien l'origine de cette joie, si c'est parce qu'il demeure en nous parce que nous demeurons en Lui. S'il demeure en nous, nous l'accueillons et le gardons tout autant qu'il nous garde, mais on ne se sent pas seul et en même temps, on se sent unique pour quelqu'un, comme il est unique pour nous.

La Demeure, c'est ce dont on peut sortir et ce dont on ne peut pas sortir, elle reste présente à l'esprit, elle ne sort pas, on peut sortir de sa demeure pour se distraire, en franchir le seuil par étourderie, elle reste le plus souvent présente à l'esprit, mais parfois, on l'oublie, on peut la retrouver dans un temps présent à la mémoire comme quelque chose de perdu. L'escargot, de même, ne doit pas avoir conscience de la coquille qu'il porte. La demeure peut être balayée au point d'être effacée, alors on ne balaye pas seulement dans et autour de la demeure, on balaye la demeure elle-même. C'est pourquoi le Christ dit : « demeurez en moi afin que vous ayez la paix en moi », car les autres ne peuvent nous apporter la paix.

Et la paix, on ne la trouve pas en soi sans lui.

Aussi, ne faut-il pas seulement se contenter de l'apparence d'une demeure, il faut une vraie demeure, construite sur un rocher, dit l'Écriture, la demeure résiste aux vents et à la tempête, une demeure ouverte, et cependant, qui ferme, que l'on ne puisse pas balayer en balayant autour. Car comme nous l'avons vu dans le chapitre précédent, la poussière est balayée, emportée, rapportée, alors que la demeure peut être emportée et non rapportée, aussi, nous ne sommes pas à nous-mêmes notre propre demeure, nous sommes, dit l'Écriture, le temple de l'Esprit-Saint, seul le Christ peut chasser les marchands du temple. Il balaye l'intérieur de la demeure mais ne balaye pas la demeure, comme nous sommes pécheurs, nous balayons parfois la demeure au lieu de balayer l'intérieur et autour. Cette demeure vole en poussière qui reste poussière.

Si le centurion dit : « je ne suis pas digne que tu entres sous mon toit », par cette parole, il est déjà la demeure du Christ comme sa demeure est celle du Christ. Les bergeries sont aussi des demeures avec une seule porte, et celui qui escalade est un voleur, si Jésus dit : « demeurez en moi comme je demeure en mon Père », à d'autres endroits, il dit : « je viendrai habiter chez vous ».

Si la joie n'est pas finie, c'est que l'on ne sait pas si on est dans la joie parce que Jésus demeure en nous ou bien parce que nous demeurons en Lui.

Ainsi, non seulement on ne change pas de demeure, mais la demeure change, alors que le Fils de l'homme n'a pas d'endroits où reposer sa tête. Si le Christ demeure en nous, nous demeurons en Lui, notre demeure est petite, aussi petite que le calice qui contient le Sang du Christ, elle ne peut pas être grande car il est là et n'est pas là, il ne peut mais il n'est pas « ici ou là », il ne peut être qu'à un seul endroit dans la demeure, on le touche mais on ne le voit pas, on le touche et il est pourtant insaisissable. Le calice est là mais il ne contient rien, on le voit mais on ne voit rien. Tout en se recueillant dans le calice, il nous recueille en Lui-même, tout en nous bâtissant une demeure, petite comme un cœur, il nous recueille en un calice, ainsi perdus dans son calice, nous n'avons pas conscience des « bords » et de la « profondeur », la demeure, c'est l'intérieur qui se recueille et non nous qui nous recueillons à l'intérieur de la demeure.

Ce livre, assez décousu, est celui d'une organiste, il est écrit sans prétentions, l'auteur ayant peu d'esprit et sans connaissances particulières, l'auteur demande donc l'indulgence du lecteur pour toutes ces étrangetés ou contradictions qu'il pourrait y trouver.

Sommaire

Pages